SIMONE VEIL

LA CAUSE DES FEMMES ET DES ENFANTS

Conception et réalisation graphique : Maryam Pir

ISBN : 978-2-02-147898-3

www.seuil.com

Dominique
Missika

SIMONE VEIL

LA CAUSE DES FEMMES ET DES ENFANTS

Seuil

SOMMAIRE

INTRODUCTION

Le 26 novembre 1974, Simone Veil monte à la tribune de l'Assemblée nationale pour défendre la loi légalisant l'interruption volontaire de grossesse. Elle entre dans la lumière. Elle n'en sortira plus. Par son courage et sa détermination, elle devient une icône que les Françaises ne cesseront de remercier.

Son combat pour l'égalité des femmes remonte à son enfance. Petite, se souvient-elle, elle est choquée de voir sa mère, qui a renoncé à travailler pour élever ses quatre enfants, obligée de présenter ses comptes à son mari. « Travaillez, mes filles », disait-elle à Simone et à sa sœur aînée Milou, avant de mourir à Bergen-Belsen. Plus tard, ayant achevé des études de droit et de sciences politiques, Simone Veil entrera dans une colère noire lorsque son mari tentera de l'empêcher de travailler : il ne trouve pas convenable que son épouse ouvre un cabinet d'avocat et reçoive des clients. Elle choisira alors la magistrature. Et c'est par cette porte qu'elle entrera en politique. Un peu par hasard. Au lieu de poursuivre une carrière au sein du ministère de la Justice, elle sera ministre de la Santé à la demande de Valéry Giscard d'Estaing, alors président de la République, qui veut « féminiser » la vie politique. Dès lors, elle s'installera dans le hit-parade de la popularité. Mieux, elle laissera son nom dans l'histoire : la loi Veil a, pour une bonne part, transformé la vie des femmes.

Mais son action ne se résume pas à la légalisation de l'avortement. Elle-même se plaignait qu'on oublie toutes les autres mesures prises par son ministère en faveur des femmes et des enfants. Du reste, elle n'avait pas attendu d'être ministre pour se préoccuper concrètement du sort des femmes : jeune magistrate au ministère de la Justice alors dirigé par Edmond Michelet, ancien déporté comme elle, elle œuvre pour le transfert en métropole des militantes du FLN détenues en Algérie.

Peu de gens savent que Simone Veil a eu à cœur de protéger les enfants les plus vulnérables, notamment ceux privés de famille. En 1964, elle est désignée comme secrétaire d'une commission chargée de préparer une réforme de la législation sur l'adoption, mise en place pour éviter les recours aux tribunaux comme dans l'affaire Novack, un enfant adopté réclamé par son père biologique. Le projet de loi qu'elle prépare deviendra la loi du 11 juillet 1966 qui facilite l'adoption.

Les jeunes parents l'ignorent quand ils déposent leurs enfants à la crèche le matin, mais ils doivent beaucoup à Simone Veil. En effet, en tant que ministre de la Santé et des Affaires sociales, elle a entrepris une réforme complète de l'accueil du jeune enfant.

Elle ne s'est pas arrêtée à la loi sur l'interruption de la grossesse pour favoriser l'égalité entre les femmes et les hommes. Pour aider les mères, elle cherche à améliorer les modes de garde des jeunes enfants et entreprend la refonte des allocations familiales.

L'absence des femmes dans la vie politique lui semble inacceptable, ce qui la fera rejoindre celles qui, à droite ou à gauche, se battent pour la parité. Son combat pour l'égalité réelle entre les hommes et les femmes se poursuivra tout au long de sa vie, dans une étonnante continuité de conception et d'action. Profondément marquée par l'expérience concentrationnaire, elle s'est appliquée, là où elle a pu agir, à faire évoluer la société avec les armes de la loi, au nom de la justice. Si Simone Veil a des convictions chevillées au corps, jamais elle ne les impose sans avoir cherché le consensus. Aucune trace de dogmatisme, elle est avant tout pragmatique.

Féministe ? À sa manière. Simone Veil a porté la cause des femmes tout au long de sa carrière : « Je ne suis pas une militante dans l'âme, mais je me sens féministe, très solidaire des femmes quelles qu'elles soient… Je me sens plus en sécurité avec des femmes, peut-être est-ce dû à la déportation ? Au camp, leur aide était désintéressée, généreuse, pas celle des hommes. Et la résistance du sexe dit "faible" y était aussi plus grande. » (Simone Veil avec Annick Cojean, *Les Hommes aussi s'en souviennent. Une loi pour l'Histoire,* Stock, 2005).

Mémoire de la Shoah, icône de la lutte pour les droits de la femme en France et dans le monde, militante de la réconciliation franco-allemande et de la construction européenne, première femme ministre de la Cinquième République, première femme présidente du Parlement européen, Simone Veil s'est engagée dans les combats emblématiques de la société française depuis les années soixante jusqu'à sa mort en 2017. Son parcours hors du commun, qui commence par l'enfer des camps et la conduit aux plus hautes fonctions, est marqué par autant d'étapes qui appartiennent à l'histoire contemporaine française.

Charismatique et populaire, Simone Veil est une figure connue de toutes les classes d'âge qui rassemble les personnes au-delà des clivages et des partis politiques.

Grâce à de nombreux documents conservés aux Archives nationales ou au ministère de la Santé (brouillons de discours, lettres, notes, courriers officiels, rapports…), ce sont les propres mots de Simone Veil qui constituent le fil conducteur de ce livre. Il nous invite à mieux comprendre son action en faveur des femmes et des enfants en France et dans le monde.

I

AVANT D'ÊTRE MINISTRE

« Dès mon retour de déportation en 1945, j'ai tenu à faire des études, avec la volonté d'avoir une activité professionnelle. C'est ainsi que je suis devenue magistrat, mon mari ayant refusé mon désir d'être avocate. Je n'ai d'ailleurs jamais regretté, la magistrature m'ayant procuré des satisfactions et des possibilités que je n'aurais sans doute pas eues comme avocate. »

Grand témoin, juin 2006,
publié dans Simone Veil, *Mes combats*.

1 MAGISTRATE

À Nice où elle voit le jour, Simone née Jacob mène une vie heureuse et insouciante avec son frère et ses deux sœurs. Son père est architecte, sa mère élève ses quatre enfants, Simone est la benjamine. Une famille française, juive et laïque.

En 1944, tout bascule dans l'horreur. Le 30 mars, Simone, sa mère, son père, sa sœur Milou, et son frère sont arrêtés. Internées à Drancy, Simone, Yvonne sa mère, et Milou sont déportées le 13 avril 1944 à Auschwitz-Birkenau puis à Bergen-Belsen en janvier 1945. Les travaux forcés, la famine, les maladies, les mauvais traitements des nazis. Des trois femmes, c'est Simone qui se montre la plus forte. Mais, elle n'arrive pas à sauver sa mère tant aimée, épuisée et fauchée par le typhus.

À Paris, Simone et Milou retrouvent leur sœur Denise, engagée dans la Résistance, déportée à Ravensbrück avec Geneviève de Gaulle et Germaine Tillion. Mais leur père et leur frère ne reviendront pas des camps.

Quand Simone Veil rentre de déportation, elle trouve une énergie fabuleuse pour se bâtir un avenir à partir de rien. Seule note gaie dans ce retour si douloureux, Simone apprend qu'elle a été reçue au baccalauréat, passé la veille de son arrestation, le 30 mars 1944. Elle court s'inscrire en faculté de droit et au tout nouvel Institut d'études politiques de la rue Saint-Guillaume.

À Sciences Po, elle tombe amoureuse du jeune et brillant Antoine Veil. Ils se marient le 26 octobre 1946. Elle a dix-neuf ans. Il en a vingt.

Un premier fils, Jean, naît à la fin de 1947. Le deuxième, Claude-Nicolas, suit treize mois plus tard. Pierre-François, lui, naîtra en 1954.

À partir de janvier 1950, le jeune couple vit dans la zone d'occupation américaine en Allemagne, d'abord à Wiesbaden puis à Stuttgart. Elle aide son mari affecté au consulat français à préparer le concours de l'ENA. Fin 1952, la bonne nouvelle tombe enfin : Antoine est reçu.

En 1954, après la naissance de son troisième fils, Pierre-François, Simone Veil en est sûre, pas question de devenir comme sa mère, une femme au foyer. Simone Veil se souvient de ses paroles d'avant-guerre et encore à Bergen-Belsen : « Il faut pouvoir être indépendante. Il faut faire des études qui vous donnent un vrai métier. » Yvonne avait renoncé à sa carrière de chimiste pour s'occuper de ses quatre enfants, et elle le regrettait. Simone l'écoutera.

Le temps est venu de réaliser son rêve d'adolescente, s'inscrire au barreau, elle portera la robe noire. Sans préambule, elle l'annonce à son mari : « Tu vas commencer ta carrière, moi, je voudrais travailler à mon tour. Je vais faire un stage chez un avoué pour me préparer au métier d'avocat. » « Il n'en est pas question », lui répond son mari. Avocate son épouse ? Au contact des voyous ? Leur rendre visite en prison ? Sa femme dans les couloirs du Palais de Justice, « livrée à elle-même, ou plutôt à tout le monde », racontera Simone Veil dans l'émission « Le Divan » d'Henry Chapier[1]. « Ce n'est pas un métier pour une femme, on se retrouve à défendre n'importe qui. » Il se fâche. Elle s'obstine.

Dans son portrait à *Libération*[2], il racontera : « J'appartiens à une génération macho où les bourgeoises convenables restent à la maison. » Quand on l'interrogeait sur cette période, elle reconnaissait qu'elle avait dû se battre. Lui, reconnaîtra avoir changé depuis.

S'ensuivent d'âpres discussions qui se soldent par un compromis. Simone Veil ne sera pas avocate mais magistrate, une fonction autorisée aux femmes depuis seulement le 11 avril 1946. Deux ans après le droit de vote accordé aux femmes, le 21 avril 1944, une loi leur donne un autre droit : « Tout Français de l'un ou l'autre sexe, répondant aux conditions légales peut accéder aux fonctions de la magistrature. »

En février 1970, Simone Veil est nommée secrétaire générale du Conseil supérieur de la magistrature.
Cette photographie a été prise dans son bureau au Palais de l'Alma (15, quai Branly).

Ci-dessus :
Simone Veil dans les années 1940.

Ci-contre :
En 1949, Simone Veil, diplômée de l'Institut d'études politiques en 1948 et titulaire d'une licence en droit, obtient son certificat d'aptitude à la profession d'avocat. Son mari étant opposé à ce qu'elle exerce ce métier, elle devient magistrat.

FACULTÉ DE DROIT DE PARIS

Le Secrétaire de la Faculté de Droit de Paris soussigné certifie que

M adame VEIL Simone, ...

né à NICE (Alpes Maritimes) ....

le 13 juillet 1927 ....

a été admis au Certificat d'Aptitude à la Profession d'Avocat le 7 Novembre 1949.

a loi du 26 Juin 1941 n'ayant pas subordonné la délivrance du Certificat d'Aptitude à la Profession d'Avocat à la possession du titre de Licencié en droit, le présent certificat ne saurait conférer aucun des droits ou prérogatives attachés à la Licence en droit.

Ci-dessous :
En mai 1954, Simone Veil commence sa carrière au sein du ministère de la Justice en tant qu'attachée stagiaire au parquet de Paris. Elle réussit le concours d'entrée de la magistrature en 1956.

Ci-contre :
Mariée en octobre 1946 à Antoine Veil, haut fonctionnaire, Simone Veil donne naissance à son premier fils, Jean, en 1947. En 1949, naîtra Claude-Nicolas, et Pierre-François verra le jour en 1954.

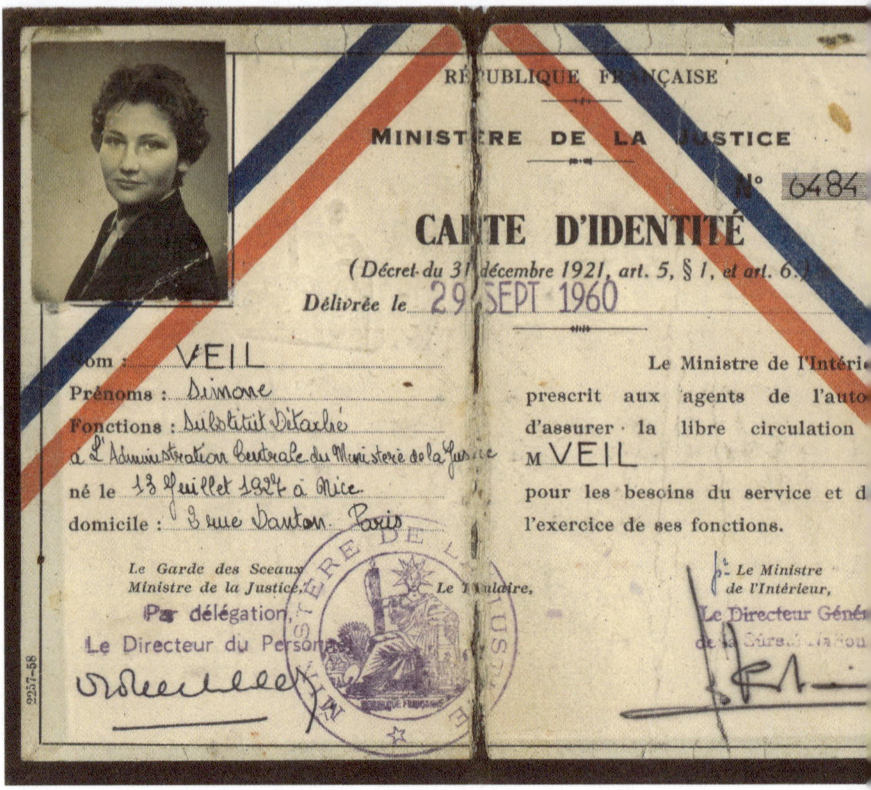
RÉPUBLIQUE FRANÇAISE

MINISTÈRE DE LA JUSTICE

N° 6484

CARTE D'IDENTITÉ

(Décret du 31 décembre 1921, art. 5, § 1, et art. 6.)

Délivrée le 29 SEPT 1960

Nom : VEIL
Prénoms : Simone
Fonctions : Substitut Détaché
à l'Administration Centrale du Ministère de la Justice
né le 13 Juillet 1927 à Nice
domicile : 3 rue Danton Paris

Le Garde des Sceaux Ministre de la Justice, Le Titulaire,
Par délégation,
Le Directeur du Personnel

Le Ministre de l'Intéri[eur]
prescrit aux agents de l'auto[rité]
d'assurer la libre circulation
M VEIL
pour les besoins du service et d[e]
l'exercice de ses fonctions.

p. Le Ministre de l'Intérieur,
Le Directeur Génér[al]
de la Sûreté Nation[ale]

2257-58

FICHE PERSONNELLE

ÉTAT CIVIL

OM: Madame V E I L

énoms: Simone Annie

é le 13 Juillet 1927 a NICE (Alpes-Maritimes)

ïede André Jacob et de Yvonne STEINMETZ

SITUATION DE FAMILLE

élibataire ☐ — Mariée ☒ — Veuf ☐ — Divorcé ☐

arié le 26.10.1946 a PARIS avec Antoine VEIL

NFANTS

énoms — Sexe — Date et lieu de naissance)

Jean	M	Né le 26 Novembre 1947 à CLICHY
Claude	M	Né le 4 Janvier 1949 à CLICHY
Pierre François	M	Né le 16 mars 1954 à CLICHY

IPLOMES

Licence en Droit

Diplôme de l'Institut d'Etudes Politiques

PÉCIMEN DE SIGNATURE

63 O M. 31-2

Pour y entrer, un concours qui fait suite à deux ans de stage notamment au parquet. Trois épreuves écrites et orales de droit, une conversation avec le jury. En mai 1954, elle s'inscrit au parquet général près la cour d'appel de Paris comme attachée stagiaire. Deux ans plus tard, elle réussit le concours d'entrée dans la magistrature. Elle est fonctionnaire.

Fin 1960, la magistrate Simone Veil, questionnée dans le cadre d'une enquête du ministère sur l'exercice de la magistrature, sur sa vie, son éducation, ses opinions politiques, répond avec une détermination impressionnante. C'est une jeune mère de famille, au caractère affirmé, indépendante d'esprit, qui n'hésite pas à reconnaître « qu'elle avait mené une vie essentiellement mondaine » jusque-là. Sur sa capacité de travail, elle avance son expérience : « J'ai toujours eu une vie très occupée, m'étant mariée dès le début de mes études et ayant terminé ma licence en droit et Sciences Po alors que j'avais déjà un enfant et que j'avais très peu d'aide ménagère. »

Avec beaucoup de délicatesse, elle glisse : « En raison des circonstances et de ma vie passée et quoique je ne m'ennuie jamais, c'est une nécessité pour moi d'avoir une vie très occupée. » Autrement dit, sa résilience passe par l'accomplissement professionnel.

Au début des années 1960, le rôle attribué aux femmes est celui de mère au foyer. Rien d'étonnant si on l'interroge sur son choix de travailler alors qu'elle a trois enfants : « Si je trouve parfois assez épuisant de mener de front à la fois une vie familiale et professionnelle, seul le sentiment d'exercer une profession qui me satisfait complètement en dépit de certaines tâches trop administratives et paperassières me permet de supporter les fatigues et les énervements du surmenage perpétuel. »

Son choix d'œuvrer dans la machine judiciaire n'est pas né du hasard. Sa camarade de déportation à Auschwitz, Anne-Lise Stern, devenue psychanalyste, se souvient de l'avoir croisée dans une rue de Paris à ce moment-là et se rappelle son désir

« À l'époque, je ne voyais pas le magistrat comme celui qui sanctionne mais aussi comme celui qui défend le droit et la justice. »

David Teboul, *Simone Veil. L'Aube à Birkenau.*

d'obtenir un poste de juge pour enfants : « Au camp, elle avait bien senti que des gamins livrés à eux-mêmes peuvent devenir n'importe quoi[3]. »

En mai 1954, quand elle avait postulé à un poste d'attachée stagiaire au parquet général, l'accueil avait manqué de chaleur, elle ne l'oubliera pas. Elle avait essuyé des remarques sur le fait d'être une femme mariée, qui plus est à un jeune haut fonctionnaire, qui n'avait donc pas besoin de travailler et qui ferait mieux de s'occuper de ses trois enfants, dont un nourrisson.

À cette époque, l'entrée des femmes dans la magistrature est mal acceptée. Beaucoup déplorent l'inaptitude des femmes à cette fonction, que ce soit en raison du faible volume de leur voix, de leur « nervosité », ou de leurs maternités… Dans son rapport de novembre 1955, le président du jury écrit que « sauf exception, les femmes, d'une part, sont inaptes à exercer nos fonctions d'autorité, d'autre part, nuisent au prestige de l'institution judiciaire. » Ce à quoi Simone Veil, avec une certaine dose d'aplomb, objectera dans sa réponse au questionnaire de 1960 : « À l'administration centrale, la qualité de femme ne pose guère de problème […]. Quant aux autres fonctions, il me semble que des femmes, des hommes, peuvent les uns ou les autres les remplir bien ou mal, selon leur tempérament et que les qualités nécessaires sont aussi développées chez les femmes que chez les hommes. » Elle admet toutefois une différence : « [...] le don de la parole me semblant appartenir, d'une façon générale, bien plus à l'homme qu'à la femme, les femmes me paraissent moins aptes à requérir ».

Aux yeux de certains magistrats, les femmes sont également suspectées de ne rechercher qu'un salaire d'appoint et de ne pas être en capacité de mettre en œuvre l'investissement que requiert la fonction de juge. À ce propos, Simone Veil ne dissimule pas à quel point son entourage ne l'a pas soutenue, ce qui montre *a contrario* sa détermination : « Par principe, hostile à ce que j'exerce une profession quelle qu'elle soit, mon mari accepte cependant que je sois magistrate, car il considère que ce n'est pas un gagne-pain mais une véritable fonction : il n'aime pas que je parle de mon travail mais au fond il est assez satisfait. Les enfants préféreraient que je ne travaille pas, trouvant curieux d'avoir une mère magistrate et au surplus qui s'occupe des prisons. [...] Du fait de ma profession, ils recherchent en moi une justice particulièrement grande et me font des reproches amers lorsqu'ils estiment que j'ai commis une injustice[4]. »

Quelle énergie pour braver ainsi le qu'en-dira-t-on ! Elle mentionne, toujours dans ce questionnaire, les réticences des gens qu'elle fréquente : « Les femmes de mes amis qui travaillent sont très rares, aussi me regarde-t-on, d'une façon générale, avec étonnement. On me trouve extravagante, pour ne pas dire folle, de travailler avec trois enfants mais avec une considération certaine du fait qu'il s'agit de la magistrature. Les autres femmes pensent toujours qu'une femme s'occupe forcément de mineurs délinquants et voient cela comme s'il s'agissait d'assistanat social ou de bonnes œuvres. »

Il n'est pas faux en revanche de noter que les premières femmes viennent de milieux bourgeois, comme les femmes avocates plus nombreuses, même si un article du *Monde* déplore un barreau de Paris « encombré de femmes » en 1963 avec environ 900 femmes sur 4 000 avocats[5] !

Les femmes commencent à choisir ce métier, d'autant plus que les hommes préfèrent des emplois mieux payés dans cette France des Trente Glorieuses. Pour autant, le périmètre dévolu aux femmes demeurera longtemps confiné aux registres de l'enfance délinquante ou du droit de la famille.

Au total, la proportion de femmes candidates à la magistrature augmente très rapidement : elle passe de 17,5 % lors de la première session de 1949 à 56 % en 1956, année où Simone Veil passe le concours pour la deuxième fois. Cette année-là, elles sont 135 femmes à se présenter et 9 seront reçues. Simone Veil est cinquième.

Indéniablement, Simone Veil est une pionnière. Pénétrer dans le bastion de la magistrature suppose d'avoir la volonté chevillée au corps.

« Sans doute à cause de ce que j'avais subi en déportation, j'ai toujours développé une sensibilité extrême à tout ce qui, dans les rapports humains, génère humiliation et abaissement de l'autre. »

Simone Veil, *Une vie.*

2 MILITANTE DES PRISONS

À vingt-neuf ans, Simone Veil est à l'aube de sa carrière. Pour lui éviter une affectation en province, Antoine Veil demande une sorte de passe-droit à son ami, André Rousselet, qu'il a connu à la préfecture de Châteauroux lors de son stage de l'ENA. Chef de cabinet de François Mitterrand, alors garde des Sceaux, ce dernier recommande son amie, tout en reconnaissant que peu de reçus au concours souhaitent

19 juin 1968 : Edmond Michele ministre d'État, Marie-Madelein Dienesch, secrétaire d'État à l'Éducation nationale, et Georg Pompidou, Premier ministre, dont Simone Veil a croisé la rou dans les années 1960 et qui on beaucoup compté pour elle.

« Les conditions matérielles de la détention étaient indescriptibles et scandaleuses. »

Simone Veil, *Une vie.*

Simone Veil mettra en place dans les établissements pénitentiaires des examens radiologiques et des centres médico-psychologiques. Ici, la prison pour femmes de la Petite Roquette, située dans le XIe arrondissement de Paris qui sera démolie en 1974.

intégrer l'administration pénitentiaire, préférant les « directions nobles ». Dans une annexe du ministère, au 2 de la rue de Castiglione, Simone Veil découvre son bureau. Une « soupente » aux dires de ses fils. Peu lui importe, elle s'attelle à sa tâche.

L'accueil manque de chaleur. La misogynie règne. Son arrivée déplaît, on lui fait sentir qu'elle n'est pas la bienvenue : « Aucune vexation, voire aucune humiliation, ne m'ont été épargnées : ni les consignes de ne pas m'adresser la parole pour me faire partir de l'administration pénitentiaire où j'avais été nommée ; ni la présence muette d'un magistrat homme pour contrôler mes capacités à m'adresser aux directeurs de prison ; ni le refus de m'accepter et de m'accueillir dans une réunion de travail où je représentais mon directeur, parce que j'étais une femme, et juive de surcroît[6] ».

Il en faut plus pour l'impressionner ou la décourager.

Affectée au bureau de la détention, la jeune magistrate est chargée de la libération conditionnelle, de l'aide à la réadaptation, de l'éducation des plus jeunes détenus et de l'organisation des soins. À la différence de ses collègues, Simone Veil aime le terrain et l'action concrète. Elle entreprend une tournée d'inspection des prisons. Elle se vantera d'être en France « la personne qui a le plus visité de prisons. Et je n'ai pas seulement visité, mais vraiment étudié[7] ». D'emblée, après avoir pris connaissance des dossiers, ce qui la frappe, c'est le peu de cas accordé aux femmes incarcérées. Quand Simone Veil prend ses fonctions, elles sont peu nombreuses et détenues à Haguenau dans une maison centrale vétuste. Transférées à Rennes, elles bénéficient d'un bâtiment beaucoup plus moderne, mais restent soumises à une discipline tout aussi rigoureuse. Certains ont osé parler de prison « quatre étoiles » alors qu'enfermées dans d'anciennes cellules d'un couvent de religieuses, elles n'ont pas le droit, sauf autorisation, de se parler entre elles, ni dans la cour ni au moment des repas. Lors d'une de ses visites, Simone Veil est effarée par ce qu'elle découvre. L'une des prisonnières, qui n'utilise

En avril 1959, Simone Veil reçoit son ordre de mission, signé par le garde des Sceaux, Edmond Michelet, pour partir inspecter les établissements pénitentiaires français en Algérie.

Double-page suivante : Du 14 au 25 avril 1959, Simone Veil inspecte les établissements pénitentiaires en Algérie. À son retour, elle rédige un rapport accablant sur le surpeuplement des prisons et les mauvais traitements qui pointe le cas particulier des femmes détenues. Aucune maison centrale ne leur est réservée. Elle plaide pour leur transfert en métropole.

MINISTÈRE
E LA JUSTICE

DIRECTION
l'Administration Pénitentiaire

RÉPUBLIQUE FRANÇAISE

ORDRE DE MISSION

M. adame VEIL (Simone)

Grade ou emploi : Magistrat

Indice de rémunération de base :

Résidence administrative : 4, Place Vendôme - PARIS

Domicile personnel : 2, rue Danton - PARIS (6°)

se rendra à (1) ALGER, ORAN, CONSTANTINE, ORLEANSVILLE, BATNA, BLIDA, BERROUAGHIA

Motif du déplacement : inspection des services sociaux et sanitaires dans les établissements pénitentiaires.

Durée prévue (2) : 14 avril 1959 au 25 avril 1959

Moyen de transport utilisé (3) : avion

Fait à PARIS, le 11 Avril 1959

Visa du Contrôleur
des dépenses engagées (4)

LE GARDE DES SCEAUX
MINISTRE DE LA JUSTICE

E. MICHELET

ALGER
25 AVR 1959
SORTIE

14 AVR 1959
SORTIE A
10

(1) Enumérer les localités où le déplacement doit être effectué.

(2) Si la durée réelle excède la durée prévue, une attestation autorisant la prolongation devra être produite à l'appui de l'état de remboursement de frais.

(3) a) En cas de transport par voie ferrée, indiquer si l'agent ... une carte de circulation ;
b) Indiquer, s'il y a lieu, que l'agent est autorisé exceptionnellement à utiliser sa voiture personnelle dans les conditions prévues à l'article 24 du décret n° 53-511 du 21 mai 1953.

(4) S'il s'agit d'un agent appartenant à une administration centrale.

Imp. Adm. Melun. — C. 646 - 1958 Adm. pénit. (Personnel)

Rapport d'inspection d'établissements pénitentiaires
en ALGERIE effectuée du 15 au 25 avril 1959

<u>Etablissements visités</u> :

- Le 16 avril centre pénitentiaire de MAISON-CARREE
  maison d'arrêt de BLIDA

- le 17 avril maison centrale de BERROUAGHIA

- le 18 avril maison centrale et centre pénitentiaire d'ORLEANSVILLE

- le 20 avril prison civile d'ALGER et centre pénitentiaire d'ELOUED

- le 21 avril maison centrale de LAMBESE

- le 22 avril prison civile et centre pénitentiaire de CONSTANTINE

- le 23 avril prison civile et centre pénitentiaire d'ORAN

Sur le plan disciplinaire, l'atmosphère de l'établissement parait relativement détendue. La liberté laissée aux condamnés dans les dortoirs et les préaux paraît plus grande que dans les autres maisons centrales.

Quartier des femmes -

Il comprend une petite cour et un bâtiment des plus sommaires qui a plutôt l'air d'une remise que d'un dortoir. 4 lits sont installés, un pour chacune des actuelles détenues, dans les deux "salles" de ce bâtiment.

Une surveillante, femme d'un des surveillants-chefs, m'a fait connaître qu'il était regrettable que ma visite ait été connue à l'avance, ce qui aurait permis de mettre l'établissement en état.

Les détenues ne recevraient pas toujours les soins nécessaires : c'est ainsi qu'une femme, actuellement en prévention a été renvoyée de l'hôpital-civil alors que son état n'est guère compatible avec la détention, elle a eu les deux jambes enlevées par une bombe qu'elle avait elle-même posée et ses plaies ne sont pas totalement cicatrisées. Ses co-détenues se refusent à prendre soin d'elle, estimant que c'est le travail d'une infirmière. Le médecin estime qu'il peut faire les pansements à la prison mais les conditions matérielles dans lesquelles est laissée cette femme paraissent difficilement admissibles : la surveillante n'avait pu obtenir de draps, il y en a pourtant de disponibles - et en dépit de mon insistance et des promesses qui m'ont été faites il n'est pas certain qu'il y ait eu un changement sur ce point - Par ailleurs, la surveillante a signalé que cette détenue n'avait pas mangé depuis son retour de l'hôpital cinq jours auparavant, en raison de la mauvaise qualité de la nourriture. Le médecin n'a pas jugé que son état nécessite un régime spécial ni un supplément de lait qu'elle réclame.

Conclusion -

L'actuelle situation des prisons d'Orléansville n'est que provisoire et se trouvera transformée lorsque les bâtiments prévus auront été reconstruits.

Toutefois, il parait anormal que les condamnés à de longues peines soient maintenus à la maison d'arrêt, alors que la maison centrale n'est pas surchargée et que les conditions de sécurité y sont satisfaisantes.

.../...

pas le morceau de sucre distribué avec le café, n'a pas le droit de le donner à sa voisine, sous prétexte de « relations trop affectives entre elles » ! Aucune possibilité de réinsertion pour ces femmes, sanctionnées pour la moindre broutille, sans perspective ni éducation.

Ses visites lui font prendre conscience du drame que représente l'avortement, en écoutant les surveillantes de la prison de la Petite Roquette évoquer l'exécution, en 1943, de Marie-Louise Giraud, accusée d'être « une faiseuse d'anges ».

La misère carcérale, et en particulier le sort réservé aux femmes négligées et oubliées derrière les barreaux, la renvoie, malgré elle, à ses souvenirs des camps. Elle partage la sensibilité des anciens résistants qui, comme elle, s'indignent des conditions de détention et veulent humaniser le régime des prisons. Respecter la dignité de ceux qui sont enfermés est une exigence éthique qui ne se discute pas.

Sa mission d'inspecter les prisons lui tient tant à cœur que, faute de crédits pour se déplacer, elle choisit de profiter de ses vacances, sur la route de l'Espagne, pour s'arrêter à la prison de Nîmes. Elle n'hésite pas à laisser son mari et ses fils l'attendre dans la voiture le temps de sa visite. Ce jour-là, elle explose de colère, raconte la journaliste Christine Clerc, quand elle apprend que des détenues se sont vu interdire de prendre une douche plus d'une fois par semaine[8].

De 1957 à 1964, au sein de l'administration pénitentiaire, Simone Veil se fait rapidement remarquer par la qualité de ses rapports et de ses notes. Après François Mitterrand, le poste de garde des Sceaux est occupé depuis le 9 janvier 1959 par Edmond Michelet, résistant de la première heure, déporté à Dachau, démocrate-chrétien dans l'âme. Comme Simone Veil, il est sensible à l'humanisation des lieux de privation de liberté : « On n'a pas le droit de nier sa dignité à l'être humain, même s'il est prisonnier. Quand on a eu soi-même à supporter cette situation, on ne tolère pas qu'on l'inflige aux autres[9]. »

Le travail de Simone Veil au sein de l'administration pénitentiaire est apprécié par sa hiérarchie qui note « ses solides qualités de juriste ». Sa mission en Algérie a été remarquée.

OBSERVATIONS DES CHEFS DU TRIBUNAL

Mme VEIL n'a cessé d'affirmer, au cours de l'année 1959, les solides qualités de juriste qui sont les siennes.

Une importante mission en Algérie lui a permis de faire preuve d'un jugement très sûr sur les personnes et les institutions.

C'est une collaboratrice de tout premier plan à qui l'on peut dès maintenant confier des tâches administratives ou juridiques délicates.

PARIS, le 17 novembre 1959

Le Directeur
de l'Administration Pénitentiaire,

OBSERVATIONS DES CHEFS DE COUR

En 1962, des détenues de la prison de Rennes, condamnées pour avoir apporté leur soutien au FLN, bénéficient des accords d'Évian et sont libérées. Toutes se sont envolées d'Orly pour l'Algérie. Ici, Djamila Bouhired et sa famille.

Pour autant, Simone Veil n'est pas une « libérale ». Pas d'angélisme. La place des délinquants et des criminels est bien en prison, les libérations conditionnelles doivent être limitées. L'incarcération est à ses yeux une sanction nécessaire pour empêcher la récidive. Il n'est pas question pour la société de renoncer à se défendre.

Quinze ans après les camps, les conditions matérielles et morales de la détention sont inadmissibles, les bâtiments sont vétustes, mal chauffés, surpeuplés, les malades sont peu ou mal soignés. Avec son énergie coutumière, elle s'emploie à améliorer le quotidien des détenus : en lien avec le docteur Fully, ancien déporté, elle contribue à mettre sur pied des bibliothèques, des centres pour mineurs, des consultations de dépistage de la tuberculose, des centres médico-psychologiques pour les malades mentaux, etc. Elle veille aussi à ce que les femmes en bénéficient à l'égal des hommes.

Lorsqu'en 1958, le général de Gaulle revient au pouvoir, une « sale guerre » fait rage en Algérie, avec des blessés, des morts, des disparus, et beaucoup de torturés, hommes et femmes. À Paris, des intellectuels s'engagent, dénonçant la situation coloniale, et protestent contre l'usage de la torture par l'armée française. Articles, tribunes, appels, manifestations se multiplient. Simone Veil suit de près cette mobilisation contre la guerre d'Algérie avec sa sœur, Denise Vernay, active au sein de l'Association nationale des anciennes déportées et internées de la Résistance, l'ADIR animée par Geneviève de Gaulle et Germaine Tillion, avec qui Simone a noué une relation d'amitié. Dans son autobiographie, Simone Veil ne manquera pas de rappeler que « dès les premiers attentats en novembre 1954, j'ai eu des doutes sur la pérennité de la présence française[10]. »

Dans son entourage, Nicole Dreyfus, amie d'enfance de Denise, joue également un rôle de premier plan. Avocate de nombreux militants algériens du Front de libération nationale (FLN), elle attire son attention sur les hommes et, surtout, les femmes, souvent jeunes, qui croupissent dans les prisons sous le contrôle de l'armée.

Au ministère de la Justice, Edmond Michelet, contre le souhait de Michel Debré, alors Premier ministre, lance une tournée d'inspection générale des prisons algériennes. Joseph Rovan, conseiller du ministre et ancien déporté à Dachau, propose le nom de Simone Veil. Edmond Michelet, qui a aussi entendu parler de la jeune magistrate *via* Germaine Tillion, en charge de l'enseignement pénitentiaire au ministère de l'Éducation nationale, décide de confier à Simone Veil cette mission d'inspection en Algérie.

Le 14 avril 1959, elle s'envole pour dix jours en Algérie. Au programme, un impressionnant périple de plus de 2 000 kilomètres : Alger, Constantine, Orléansville, Batna, Oran, Blida et Berrouaghia. Prisons délabrées, mauvais traitements, le constat est sans appel.

Dans son rapport de 44 pages, délibérément factuel et précis, elle quantifie les effectifs, elle évalue l'état matériel des cellules et des installations sanitaires souvent vétustes, voire misérables, et elle préconise de développer les activités carcérales, ne serait-ce que pour éviter que « de longs conciliabules politiques et des entretiens de propagande meublent cette inoccupation ». Constatant le caractère « périmé » des méthodes pénitentiaires (« La réforme n'a pas pénétré en Algérie, ni dans ses principes ni dans ses méthodes, mais parfois, faute seulement d'information du personnel »), elle considère que la mise en œuvre dans les prisons algériennes « des principes et des méthodes adoptées dans les prisons métropolitaines résoudrait les problèmes les plus urgents[11] ».

« Je mentirais en disant que j'ai été accueillie à bras ouverts. Partout j'ai été si mal reçue par les responsables que j'ai préféré rédiger moi-même mes rapports plutôt que de les faire dactylographier par un agent local de la pénitentiaire. »

Simone Veil, *Une vie*.

À la suite de sa visite de la prison d'Orléansville, Simone Veil signale le cas d'une détenue du quartier des femmes, Yasmina, amputée des deux jambes par une bombe qu'elle a elle-même posée. Elle n'a pas de draps et elle refuse de manger, en raison de la mauvaise qualité de la nourriture. Elle obtiendra son transfert en métropole et sera condamnée à dix ans de réclusion criminelle.

À son retour, Simone Veil rédige plusieurs notes favorables au transfert en métropole de condamnés à de très longues peines, en raison notamment des risques d'exécution sommaire qu'ils encourent dans les prisons algériennes. Elle demande que les femmes soient regroupées dans une maison d'arrêt, à Pau, jusqu'à la fin du conflit.

Quatre mois plus tard, Edmond Michelet signe une circulaire prévoyant un régime de détention spécial instauré en faveur des « terroristes » algériens, qui selon le témoignage de Joseph Rovan, « se considéraient comme des prisonniers de guerre, alors qu'aux yeux des autorités françaises, ils étaient coupables de délits ou de crimes de droit commun : voleurs, agresseurs, tueurs… […][12] ». On finit par leur accorder certaines facilités, notamment pour faire des études, bénéficier de visites ou recevoir des journaux.

Au sein de l'administration pénitentiaire, il ne manque pas de partisans de l'Algérie française qui voient d'un mauvais œil cette empêcheuse de tourner en rond. Sans faiblir, Simone Veil, de plus en plus convaincue que l'indépendance de l'Algérie est inéluctable, se préoccupe du sort de nombreuses militantes considérées comme des criminelles de droit commun. Elle va se battre pour leur obtenir des meilleures conditions de détention. L'une d'entre elles, Hélène Cuenat, une métropolitaine (selon la terminologie de l'époque), maîtresse de Francis Jeanson, fondateur de l'un des principaux réseaux de soutien au FLN, va faire parler d'elle. Arrêtée en mars 1960, elle avait été interrogée à la DST, rue des Saussaies, présentée à un juge d'instruction et écrouée à la Petite Roquette. Surnommée par la presse « La Tigresse », elle y retrouve d'autres camarades avec qui elle commence une grève de la faim pour obtenir la fin de leur isolement, le regroupement dans une aile de la prison, la dispense du travail dans l'atelier, l'accès à la presse, le droit d'envoyer et de recevoir du courrier.

Accompagnée du directeur de la prison, Simone Veil se fait ouvrir la cellule et écoute les revendications de la militante : « Je lui donne trente-cinq ans, un beau visage, des yeux bleus intelligents que l'on n'oublie pas », raconte Hélène Cuenat dans ses souvenirs[13].

À l'issue du rapport de Simone Veil, la plupart de leurs demandes seront satisfaites, sauf la fin de la mesure d'isolement, le juge d'instruction l'estimant nécessaire. Les détenues obtiennent un régime « semi-politique » : le droit de circuler dans les couloirs dans la journée, moyennant quoi leur grève de la faim cesse. Le soir, elles sont enfermées dans leur cellule, généralement individuelle, mais certaines en partagent une. L'une des quinze cellules est transformée en

Accusée d'avoir déposé une bombe à la Brasserie des Facultés à Alger, Djamila Boupacha avait affirmé avoir été torturée après son arrestation. Alertée par son avocate Gisèle Halimi, Simone Veil avait obtenu son transfert à Paris. Le 22 avril 1962, la jeune Algérienne est libérée.

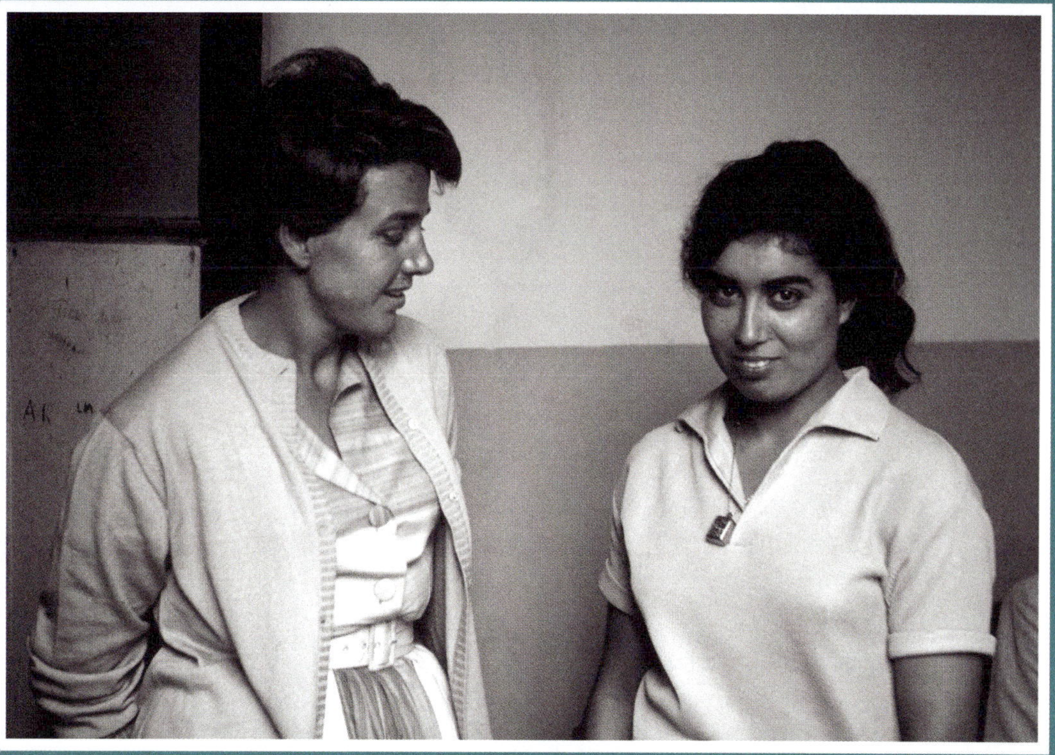

salle à manger et les détenues mangent ensemble. Défendue par Me Roland Dumas, Hélène Cuenat est condamnée à dix ans de prison. En février 1961, elle s'évadera avec cinq camarades.

Quand l'affaire de Djamila Boupacha fait la une des journaux, Simone Veil intervient à nouveau. Cette jeune femme, agent de liaison du FLN, est accusée d'avoir déposé, le 27 septembre 1959 dans un café d'Alger, un engin explosif désamorcé à temps, qui n'a donc occasionné ni victimes ni dégâts.

Djamila Boupacha est arrêtée le 10 février 1960 au domicile de ses parents. Le 15 mars, elle est inculpée d'association de malfaiteurs et de tentative d'homicide volontaire. Pour ce crime, selon la qualification pénale de son acte, cette musulmane de vingt-deux ans encourt la peine de mort. Elle reconnaît les faits dont on l'accuse. Quand son avocate, Gisèle Halimi, lui rend visite à la prison de Barberousse à Alger, le 17 mai 1960, elle constate qu'elle a été atrocement torturée pendant un mois, on l'avait violée en utilisant une bouteille. Dès lors, la stratégie de défense mise en œuvre par Gisèle Halimi est d'« ameuter l'opinion ». Grâce à la tribune de la philosophe Simone de Beauvoir, publiée dans *Le Monde*, le 2 juin 1960, l'affaire est lancée. Un comité « Pour Djamila Boupacha » réunit entre autres Germaine Tillion, Jean-Paul Sartre, Louis Aragon, Geneviève de Gaulle et beaucoup d'autres. Interpellé, le gouvernement autorise le transfert de Djamila en France, facilité par Simone Veil. Djamila sera finalement amnistiée en 1962. Mais, à sa sortie de prison, le FLN la kidnappe quasiment pour la rapatrier au plus vite en Algérie.

L'été 1962, en vacances au Croisic, raconte Christine Clerc, Simone Veil laisse son mari et ses fils pour aller à Lyon où on lui a signalé que trois Français proches de la cause algérienne ont été tabassés par des détenus pro-Algérie française[14].

Contrairement à ce que l'on a écrit ici ou là, Simone Veil n'a pris aucune décision de son propre fait. C'est en premier lieu l'action et le poids du ministre, Edmond Michelet, et de son cabinet, qui ont permis les transferts des militants algériens en métropole et l'amélioration des conditions de leur détention. Mais elle fut une courroie de transmission extrêmement précieuse comme le prouvent les brouillons de ses notes à l'administration pénitentiaire.

Pour autant, Simone Veil ne devient pas et ne sera jamais une militante. C'est une technicienne qui s'emploie à prendre en compte la dimension éthique, morale, et humaniste d'un problème de société. Pragmatique, elle agit en tant que fonctionnaire, consciente des limites de son pouvoir et soucieuse de lutter contre des conditions de détention dégradantes. Le cas préoccupant des jeunes enfants dont les mères sont en prison est un autre casse-tête. Jusqu'à quel âge doivent-ils rester avec elles ? Si elles sont condamnées à de courtes peines, c'est à ses yeux possible qu'elles gardent avec elles leurs enfants. Sinon, à qui confier les enfants ? Aux familles ? Les placer ? Les laisser à leur mère, alors que les conditions matérielles et psychologiques de la prison ne sont pas adaptées ? Quand Simone Veil quitte l'administration pénitentiaire pour la direction des Affaires civiles et du Sceau, la question n'est pas tranchée.

Sa carrière au sein du ministère de la Justice a été de son point de vue très enrichissante parce qu'elle aime le droit : « Je trouve que c'est un cadre qui constitue une aide. En fait, c'est la loi qui protège et c'est la procédure qui permet aux faibles de se défendre et d'avoir des moyens par rapport au droit. La loi de la jungle, c'est la loi des plus forts. C'est ce qui serait, s'il n'y avait pas la loi[15]. »

Déterminée, opiniâtre, Simone Veil n'abandonne aucune cause qui lui paraît juste.

« Vous ne soupçonnez pas les batailles qui se livrent parfois dans les austères bureaux de la direction civile du ministère de la Justice. »

Le Point du 22 décembre 1975.

3 LE DROIT DE L'ADOPTION

Au début des années 1960, la France tout entière suit le drame de l'affaire Novack : un enfant né sous X a été confié à des parents adoptifs. Toutefois, le père biologique de l'enfant retrouve les traces de cette naissance et, lui qui n'a pas accouché sous X, demande que ses droits de paternité soient reconnus… Après plusieurs années de conflit, d'allers-retours de l'enfant entre sa famille biologique et sa famille adoptive, cette dernière est déclarée la seule et unique famille de l'enfant. Simone Veil a changé d'affectation en 1964 pour rejoindre la direction des

Affaires civiles et du Sceau toujours au ministère de la Justice, à un moment où Jean Foyer, le nouveau garde des Sceaux du gouvernement de Georges Pompidou depuis le 14 avril 1962, conscient de la nécessité d'apaiser les esprits, souhaite revoir les textes concernant l'adoption. En effet, les enfants proposés par l'Aide sociale à l'enfance sont de plus en plus âgés, d'où le recours des adoptants à des enfants étrangers, ce qui pose de nouveaux problèmes.

Pour ce lourd dossier, Jean Foyer pense à cette magistrate dont on lui a dit le plus grand bien, Simone Veil.

SUD-OUEST

5 heures du matin

Grand Quotidien Républicain Régional d'Informations

Première application de la nouvelle loi sur l'adoption

LES PARENTS ADOPTIFS PRÉFÉRÉS A LA MÈRE

APPLIQUANT pour la première fois la nouvelle loi sur l'adoption (adoptée par l'Assemblée, mais pas encore venue en discussion devant le Sénat), la Cour de cassation a réglé un différend qui opposait depuis six ans la mère d'une fillette de huit ans à ses parents adoptifs en privant définitivement la mère de ses droits.

(LES DETAILS EN DEUXIEME PAGE)

La Cour de cassation applique la nouvelle loi sur l'adoption

TRANCHANT le différend qui opposait depuis près de six ans la mère d'une fillette, Mme L..., à ses parents adoptifs, M. et Mme M..., la première chambre civile de la Cour de cassation vient de rendre un important arrêt appelé à faire jurisprudence en la délicate matière d'adoption d'enfants.

La cour a rejeté le pourvoi de Mme L... contre un arrêt de la cour d'appel de Poitiers — confirmant le jugement d'adoption du tribunal de Saintes — et a décidé « dans l'intérêt de l'enfant » de priver définitivement de ses droits la vraie mère. « La fillette est incorporée de façon intime et définitive dans la famille qui l'a prise en charge ».

Cet arrêt est bien dans l'esprit de la nouvelle loi adoptée le 18 novembre 1965 par l'Assemblée nationale, qui prévoit que « dès qu'un enfant sera confié à une famille aux fins d'adoption, et avant même que les formalités soient définitives, il ne pourra plus être rendu à ses parents par le sang ».

Née le 4 février 1958, Myriam, maintenant âgée de 8 ans, avait ét abandonnée par sa mère, Mlle Pau lette S..., qui devait, par la suit épouser le père présumé, M. L... L 7 avril suivant, l'Association la Fa mille adoptive française plaçai l'enfant chez le docteur M..., neuro psychiatre à Saujon, en Charente Maritime, installé à Nantes depu deux ans et demi.

Peu après, les époux M.... depo saient une requête aux fins d'adop tion qui aboutit le 8 avril 1962 un jugement favorable du tribuna de Saintes.

Mais Mme L..., prise de remord avait entamé une autre procédur devant le tribunal de la Seine, pu devant la cour d'appel de Paris pour réclamer Myriam.

Et on aboutit à un imbroglio ju diciaire.

Le 1er juillet 1963, la cour d Paris accordait la garde de l'en fant à Mme L..., alors que, le sur lendemain 3 juillet, la cour de Po tiers confirmait la sentence du tri bunal de Saintes en prononçan l'adoption au bénéfice des épou M...

Les magistrats de Poitiers souli gnaient notamment dans leurs at tendus que les premières démar ches n'avaient été accomplies pa Mme L... qu'en mai 1960 pour ré clamer sa fille et qu'il était d l'intérêt de l'enfant de la laisser ceux qui l'avaient élevée depui cinq ans. Peu importait, après tout que Mme L..., au bout de ces cin années, fut considérée comme dign d'avoir la garde de sa fille...

Mme L... s'était pourvue en cas sation contre cet arrêt de la cou de Poitiers, mais la Cour suprêm a rejeté son pourvoi, estimant qu la décision attaquée se trouvait ré gulièrement motivée. (A.F.P.)

Vive les Français

L'AURORE

Directeur : Robert LAZURICK

JEUDI 19 DECEMBRE 1957

PRIX : 20 francs

LES JUGES DE TOULON : LES NOVAK conserveront la garde du petit Didier

Les époux Genilloud vont faire appel

La voici propulsée secrétaire de la commission chargée de préparer une refonte des textes relatifs à l'adoption jugés dépassés et inadaptés. Quand Simone Veil est nommée secrétaire de la commission chargée de préparer cette réforme, elle a en tête ce qu'elle a vu dans les camps. Comment l'orpheline ne serait-elle pas touchée par le sort des fils et des filles de déportés ? À la fin de la Seconde Guerre mondiale, plus de dix mille enfants juifs se sont retrouvés orphelins de l'un ou de leurs deux parents.

Sa mission consiste à rédiger un projet de loi qui permette d'éviter qu'un enfant soit l'enjeu d'un douloureux conflit entre ses parents « de sang » et ses parents adoptifs. Comment faire pour éviter un tel drame ? Elle a un principe de base en tête, l'adoption est faite pour l'enfant : « Ceux qui désirent adopter doivent savoir que, contrairement à ce que l'on entend souvent, il n'y a pas un droit à l'adoption d'un enfant, l'adoption étant conçue dans l'intérêt de l'enfant, ce sont ses droits qu'il convient de prendre en compte et de respecter[16]. »

D'abord, et ce sera sa marque de fabrique, ne pas recourir exclusivement à l'avis des magistrats, mais inclure dans cette commission des parlementaires, des personnalités qualifiées, des médecins, des fonctionnaires de l'Aide sociale à l'enfance, des parents adoptifs, des anciens pupilles. De ce point de vue, elle innove : consulter des personnes directement concernées par ce problème de l'adoption et ne pas se contenter de rédiger une loi dans un bureau ministériel : « Quand j'ai travaillé sur l'adoption, je n'ai pas pris un bout de papier, ma plume et écrit des mots les uns derrière les autres. J'ai commencé par rencontrer beaucoup de gens [...]. Pour moi, les enfants, ce sont ceux auxquels on a donné son amour, ceux qu'on a élevés mais pas du tout ceux qu'on a mis au monde. Je n'ai pas du tout le sentiment d'appartenance par le sang[17]. »

Pour Simone Veil, la protection de l'enfant et de sa mère contrainte de l'abandonner passe par la loi. C'est un problème juridique à régler. Rien ne sert d'imposer une solution

Page 41 et ci-contre (haut) : *Sud-Ouest*, le 3 mars 1966 et (bas) ; *L'Aurore*, le 19 décembre 1957. Quand éclate l'une des plus célèbres de ces douloureuses affaires où un enfant est revendiqué à la fois par ses parents naturels et adoptifs, Simone Veil est affectée à la direction des Affaires civiles et du Sceau du ministère de la Justice. Elle participe alors à l'élaboration d'une nouvelle loi sur l'adoption sous la houlette de Jean Foyer.

« En 1964 alors que j'étais magistrat
au ministère de la Justice,
j'ai été désignée comme secrétaire d'une
commission chargée de préparer
une réforme de la législation
sur l'adoption, mise en place pour éviter
les procès soulevés par l'affaire Novack.
Le garde des Sceaux de l'époque
Jean Foyer m'a alors chargée de rédiger
un projet de loi qui permette d'éviter
qu'un enfant puisse faire l'enjeu
d'un douloureux conflit entre les parents
par le sang et les parents adoptifs.
J'ai alors beaucoup travaillé avec un
psychiatre et un pédiatre particulièrement
expérimentés en la matière.
Le projet de loi que j'avais préparé est
devenu la loi de 1966. »

Fanny Cohen Herlem, Simone Veil (préface),
L'Adoption d'enfants nés ailleurs.

bureaucratique, il faut trouver un consensus des personnes concernées. Sa méthode : réunir autour d'une table les juristes et les professionnels de terrain pour aboutir à une réforme acceptée par tous.

L'essentiel de l'avant-projet de loi porte sur la procédure d'abandon, qu'il clarifie. Il distingue deux régimes : l'adoption simple, où le lien avec les parents adoptants s'ajoute à la filiation biologique, et l'adoption plénière, où le lien avec la famille adoptante se substitue à la famille d'origine. En outre, une femme célibataire peut adopter.

Par ailleurs, la loi du 11 juillet 1966 portant réforme de l'adoption indique clairement que le tribunal prononce l'adoption « si elle est conforme à l'intérêt de l'enfant ». Quand Jean Foyer présente la loi à l'Assemblée nationale et au Sénat, la jeune substitut est derrière lui, au banc des commissaires du gouvernement, ce qui est pour elle l'occasion de faire la connaissance de nombreux parlementaires et de se familiariser avec la mécanique des débats.

L'adoption est un sujet qui la passionne. Elle y revient, deux ans après, dans un livre écrit avec le professeur Clément Launay et le docteur Michel Soulé dont la conclusion donne bien l'état d'esprit des auteurs : « Quand deux conjoints encore relativement jeunes et solidement unis ne peuvent avoir d'enfants et, le regrettant l'un et l'autre, désirent en adopter un d'un commun accord, qu'ils adoptent un enfant de préférence entre trois et douze mois ; qu'ils soient décidés, à l'avance non seulement de le considérer à l'égal d'un enfant de leur sang mais aussi à le prendre tel qu'il est, c'est-à-dire à l'élever selon ses possibilités intellectuelles et en développant ses tendances favorables sans se faire d'avance une image de ce qu'il sera ; qu'ils soient décidés aussi à l'élever dans sa condition d'adopté, c'est-à-dire lui faire savoir le plus tôt possible que ses parents naturels ont disparu et que ses parents adoptifs ont pris la place que ceux-ci avaient laissée vacante. S'ils le peuvent,

Ci-dessus :
Jean Foyer, juriste éminent, agrégé de droit privé est nommé garde des Sceaux en 1962 par le général de Gaulle, en pleine tourmente algérienne. S'il apprécie le travail accompli par Simone Veil pour la loi sur l'adoption, il sera un farouche opposant à la loi sur l'interruption volontaire de grossesse.

Ci-contre :
Lettre de Jean Foyer du 14 octobre 1965 adressée à Simone Veil.

le Garde des Sceaux
inistre de la Justice

le 14 octobre 1965

Madame,

Le projet de loi portant réforme de l'adoption, qui est pour l'essentiel votre oeuvre personnelle, vous fait le plus grand honneur. Il porte la marque d'un esprit humain et d'une ingéniosité technique également remarquables. Je tenais à reconnaître votre "maternité" à l'égard de cette bienfaisante réforme. Je vous en félicite et vous en remercie.

Et je vous prie d'agréer, Madame, l'hommage de mes respectueux sentiments.

Foyer

me Antoine Veil

103. 1.0.C.4-C.4

14 dossiers

MINISTÈRE
DE LA JUSTICE

DIRECTION

______ e BUREAU

N° ______

Expédié le ____________________ 19____

Texte mis au point avec Mlle [illegible]
en août 64

Article 1

Toute personne que son état met dans l'incapacité de donner un consentement valable à un traitement nécessitant une hospitalisation peut être soignée sans son accord, dans les conditions prévues par le présent texte.

Article 2

Le médecin qui donne des soins à un malade sans son accord valable et le retient éventuellement dans un établissement de soins, d'hospitalisation ou de cure public ou privé doit en faire la déclaration dans les 24 heures au procureur de la République de son lieu d'exercice et au juge d'instance du domicile du malade —

[illegible]

Cette déclaration devra autant que possible énoncer les noms, prénoms, âge et

Toute personne que son état met dans l'incapacité de donner un consentement valable à un traitement nécessitant une hospitalisation peut être soignée sans son accord, dans les conditions prévues par le présent texte.

À la direction des Affaires civiles et du Sceau du ministère de la Justice, Simone Veil assure aussi le secrétariat de la commission chargée de la réforme de loi de 1938 sur l'internement des malades mentaux. Elle s'y révèle une excellente juriste, soucieuse de mettre au point des dispositions consensuelles.

Cette déclaration devra autant que possible énoncer les noms, prénoms, âge et qu'ils fassent suivre ce premier d'un ou de plusieurs autres[18]. » Un ouvrage qui fait référence, et qui, comme le souligne Olivier Todd dans *Le Nouvel Observateur*, « devient un best-seller dans son genre, vingt mille exemplaires vendus[19] ».

À juste titre, elle peut être fière de son travail. Elle recevra une lettre de félicitations de la part du garde des Sceaux, Jean Foyer, dans laquelle il lui écrit que le projet de loi sur l'adoption, « qui est pour l'essentiel votre œuvre personnelle, vous fait le plus grand honneur. Il porte la marque d'un esprit humain et d'une ingéniosité technique également remarquables. Je tenais à vous reconnaître votre "maternité" à l'égard de cette bienfaisante réforme. Je vous en félicite et vous en remercie. »

Une fois devenue ministre de la Santé, Simone Veil ne perdra pas de vue ce sujet : en juillet 1975, elle signe une circulaire visant à mettre en place une politique de l'adoption plus dynamique. L'année suivante, elle instaure un congé d'adoption. Elle sera à l'origine de la création du Conseil supérieur de l'adoption (CSA), placé sous la tutelle du ministère de la Justice et du ministère des Affaires sociales. Et dont le rôle est de « proposer aux pouvoirs publics toute mesure législative, réglementaire ou administrative » de nature à faciliter les démarches pour les parents. En 1994, alors ministre dans le gouvernement Balladur, elle complète le dispositif en créant une allocation d'adoption. On lui doit aussi le premier groupe de travail administratif sur le secret de l'accouchement et l'accès aux origines.

Dans son fameux discours pour défendre le projet de loi sur l'IVG, Simone Veil reviendra encore une fois sur cette question de l'adoption : « Le projet prévoit ensuite une consultation auprès d'un organisme social qui aura pour mission d'écouter la femme, ou le couple lorsqu'il y en a un, de lui laisser exprimer sa détresse, de l'aider à obtenir des aides si cette détresse est financière, de lui faire prendre conscience de la réalité des obstacles qui s'opposent ou semblent s'opposer à l'accueil d'un

À gauche, *Didier Novack, mon fils*, 1968.
À droite, *L'Adoption*, 3e édition, 1968.

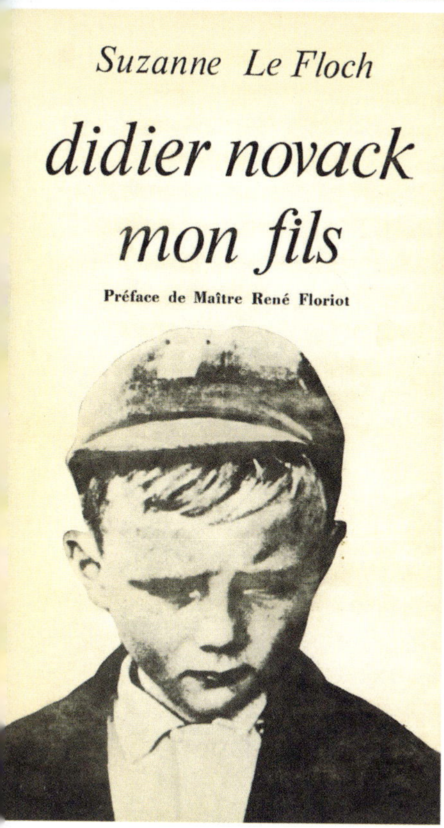

enfant. Bien des femmes apprendront ainsi à l'occasion de cette consultation qu'elles peuvent accoucher anonymement et gratuitement à l'hôpital et que l'adoption éventuelle de leur enfant peut constituer une solution[20] ».

Sa chance à l'époque, elle le reconnaît, c'est d'avoir travaillé aux côtés de grands professeurs de droit, comme Jean Carbonnier, pour la réforme du Code civil voulue par le garde des Sceaux. L'objectif est de procéder à une révision de fond du droit civil de la famille, en l'adaptant à l'évolution des mœurs. À l'initiative de la Chancellerie, plusieurs textes vont jalonner la marche vers l'égalité juridique des époux, entre eux ou vis-à-vis des enfants. En 1965, la loi sur la réforme des régimes matrimoniaux met fin à la tutelle du mari, par exemple pour la gestion des biens communs, et donne à la femme mariée sa capacité juridique. Elle peut dorénavant ouvrir un compte en banque sans solliciter son mari et les six millions et demi de femmes qui travaillent peuvent signer un contrat de travail sans en référer à leur conjoint. Quelques années plus tard, la loi de 1972 institue l'autorité parentale, faisant évoluer sensiblement les relations entre les parents et les enfants. Auparavant, seul le père, chef de famille investi de la « puissance paternelle », était habilité à prendre toutes les mesures concernant l'éducation des enfants, tant pour demander un passeport pour son enfant, que pour l'autoriser à partir à l'étranger, faire une demande de bourse, autoriser une intervention chirurgicale...

Désormais la femme mariée bénéficie de quelque indépendance. Un reportage du journal télévisé de juillet 1965, s'en fait l'écho : « Savez-vous que cette année a été l'année de l'émancipation de la femme mariée ? », demande la journaliste à une jeune femme juchée sur une échelle devant la devanture d'une boutique. « Oui, je suis un peu au courant. » « Alors pourquoi ? Pour quelles raisons ? » La jeune femme répond sans hésitation : « On est un peu plus libre de faire ce qui nous plaît, sans le consentement du mari[21]. »

Qu'il s'agisse du droit des enfants, des femmes ou des familles, Simone Veil fait sienne la réflexion de Jean Carbonnier qui lui a « mieux fait comprendre combien il est essentiel que le droit prenne en compte les réalités sociales ». Sachant qu'il est plus facile de modifier les textes que les traditions ou les mœurs liées à l'héritage sociologique et culturel de la France, elle recherche des solutions concrètes.

D'autres sujets la mobilisent. Elle découvre notamment la question de la prise en charge des malades mentaux. Nommée fin 1963 secrétaire de la commission de réforme de la législation sur les aliénés, présidée par Maurice Aydalot, procureur général auprès de la Cour de cassation, Simone Veil va rencontrer, outre des magistrats, des psychiatres et des

À la direction des Affaires civiles et du Sceau du ministère de la Justice, Simone Veil met sa compétence technique et son éthique au service des sujets qu'elle traite, adoption ou handicap mental. Elle participe à de nombreuses réunions et acquiert une solide réputation dans les milieux spécialisés.

LISTE DES MEMBRES DE LA COMMISSION D'ETUDES

" Placement et protection de la personne des malades mentaux"

-=-=-=-=-

Président : Monsieur le Doyen CARBONNIER
Professeur à l'Université de Droit, d'Economie et de Sciences Sociales de PARIS (PARIS II).

Vice-Président : Monsieur le Docteur Charles BRISSET
Ex-Chef de Clinique à la Faculté de Médecine de PARIS.

Membres désignés par Monsieur le Garde des Sceaux

- Madame Simone VEIL
  Secrétaire Général du Conseil Supérieur de la Magistrature.

- Monsieur Albert VILATTE
  Premier Substitut de Monsieur le Procureur de la République près le Tribunal de Grande Instance de PARIS.

- Monsieur Jacques SIMON, Substitut Général près la Cour d'Appel de PARIS.

- Monsieur SOLANT
  Juge des Tutelles au Tribunal de Grande Instance de LILLE.

Représentants de l'Administration

- Monsieur MASSIP
  Sous-Directeur des Affaires Civiles

- Mademoiselle BARRAIRON
  Magistrat de l'Administration Centrale
  Direction des Affaires Civiles et du Sceau

- Monsieur JEOL
  Sous-Directeur de la Législation Criminelle
  Direction des Affaires Criminelles et des Grâces.

.../...

fonctionnaires du ministère de la Santé qu'elle retrouvera une fois ministre.

Dix ans plus tard, elle sera de nouveau secrétaire d'une commission chargée de réformer les conditions de l'internement des malades mentaux. La protection des personnes en situation de faiblesse la préoccupera toute sa vie. Son observation attentive des bouleversements de la société française des années 1960 l'aide dans son travail de contribution à la refonte du droit de la famille.

Pour autant, on ne la voit pas manifester en mai 1968. Elle suit les événements depuis son appartement de la rue Danton en plein Quartier latin. Spontanément elle adhère au Syndicat de la magistrature, qui vient de se constituer, et qu'elle quitte assez rapidement parce qu'il est trop question de politique. En revanche, elle retient de Mai 68 la nécessité pour la société française de changer, préférant, en femme modérée, l'évolution à la révolution.

Après cinq ans au sein de la prestigieuse direction des Affaires civiles, sa carrière prend un tour différent. En 1969, Simone Veil devient conseillère technique dans le cabinet de René Pleven, ministre centriste de la Justice. La voilà qui goûte à l'expérience ministérielle, ce qui, aux dires d'un des membres de son équipe, l'enchante « parce que le cabinet, c'est le pouvoir, et elle aimait le pouvoir[22] ». Ou, plus exactement, la liberté qu'il donne d'agir et de participer à une action pour le bien commun. L'un de ses dossiers importants, l'indemnisation des rapatriés, est un sujet particulièrement délicat dont elle s'acquitte avec toujours la même intelligence.

Au bout de neuf mois d'un travail éreintant, qui, aux yeux de son mari, l'accapare trop, Simone Veil demande une nouvelle affectation. Alors qu'elle rêve de la direction de l'administration pénitentiaire, elle est nommée, en février 1970, secrétaire générale du Conseil supérieur de la magistrature. Une première.

« On peut dire que la loi de 1966 a répondu aux objectifs du législateur, dans la mesure où elle a permis d'éviter les demandes de restitution de l'enfant après son placement en vue de l'adoption, donc de donner un statut définitif à l'enfant. »

Colloque sur l'adoption, août 2004,
publié dans Simone Veil, *Mes combats*.

« La particularité de la femme française est de chercher à concilier famille et profession. La responsabilité des pouvoirs publics est de tenir compte de ce désir et de rechercher dans l'aménagement du temps de travail, dans celui des prestations sociales, le moyen de réaliser l'équilibre souhaité. »

Colloque de la femme médecin,
28 septembre 1976, publié dans Simone Veil, *Mes combats*.

4 LE TRAVAIL DES FEMMES

Du jamais vu, une femme au Conseil supérieur de la magistrature. Depuis 1945, date de sa création, le poste n'a jamais été occupé par une femme. Le portrait de l'impétrante dans *Le Monde* en dit long sur la place des femmes dans la vie publique au début des années 1970. Le journaliste croit bon de préciser qu'elle est « mariée à un inspecteur des finances, mère de trois grands enfants ». Il conclut son paragraphe par : « C'est une petite femme brune et charmante, réservée et discrète[23]. » Quai Branly, où se trouve son bureau, l'attendent des tâches tout à fait différentes. Avec ses services, il lui revient de préparer l'ordre du jour des réunions du Conseil, qui ont lieu une ou deux fois par mois à l'Élysée,

Vue d'une usine radiotechnique de fabrication de téléviseurs de Nogent-le-Rotrou, le 6 juillet 1967.

En septembre 1972, à la sortie de l'Élysée, Marie-Madeleine Dienesch, Bernard Pons, Edgar Faure, et Joseph Comiti. Simone Veil, alors secrétaire générale du Conseil supérieur de la magistrature, ne pense pas à une carrière politique. Marie-Madeleine Dienesch, secrétaire d'État à l'action sociale de juin 1969 à mai 1974, lui propose de siéger au sein du Comité du travail féminin, chargé de réfléchir aux questions des femmes qui travaillent ou qui le souhaitent.

de soumettre les procès-verbaux des séances au président de la République, et de préparer les mutations des magistrats du siège. Sa manière de présenter ses nouvelles fonctions mérite d'être précisée, parce qu'on lit en filigrane son ambition : « Mme Veil estime que c'est là un travail d'information et de contacts qui convient parfaitement à une femme, bien que le recrutement du Conseil supérieur reste encore purement masculin. Elle considère ce poste comme une étape importante dans sa carrière : ses deux prédécesseurs, depuis la réforme du Conseil en 1958, sont aujourd'hui conseillers à la cour d'appel de Paris[24]. »

À ce poste prestigieux, Simone Veil se lasse vite des dossiers d'avancement des magistrats qui ne la mobilisent pas à plein temps. Elle aime et aimera toujours être très occupée. Deux ans plus tard, la note personnelle rédigée par René Pleven lui tresse des éloges : « Elle a manifesté, en effet, cette année encore son goût et son sens des responsabilités qui ne lui font jamais oublier l'aspect humain des problèmes. Son dynamisme et sa puissance de travail lui permettent de se consacrer, en plus des fonctions de Secrétaire générale de la magistrature, aux divers travaux juridiques qui lui sont spécialement confiés en raison de ses compétences particulières[25]. »

En effet, on l'appelle à représenter le ministère de la Justice dans un groupe de travail présidé par Marie-Madeleine Dienesch, alors secrétaire d'État à l'action sociale. Au sein de ce Comité du travail féminin, une sorte de think tank administratif, qui a pour mission d'étudier « toutes les questions relatives à la formation, à l'activité et à la promotion et à la réadaptation professionnelle des femmes », Simone Veil va tout mettre en œuvre pour agir efficacement. À l'époque des Trente Glorieuses, la France manque de main-d'œuvre. Les femmes sont incitées à travailler mais, dans le même temps, on les invite à demeurer chez elles, par le biais

« En 1964, j'ai été affectée à la direction des Affaires civiles où j'ai eu la chance d'être associée aux grandes réformes du Code civil concernant le droit de la famille, qui n'avait guère changé depuis le Code Napoléon, devenu totalement obsolète. »

États généraux du handicap, le 23 mars 2005,
publié dans Simone Veil, *Mes combats*.

des prestations sociales ou par manque d'équipement sociaux, quitte à les renvoyer dans leurs foyers dans des moments économiquement difficiles. Pour Simone Veil, le problème est mal posé. Il ne s'agit pas de débattre pour ou contre le travail des femmes. Ce que les femmes sont en droit d'espérer, c'est la liberté de choix. Or, seule l'autonomie financière leur permet d'en bénéficier.

Guidées par leurs seules envies, les femmes doivent prendre leur décision sans rien demander à quiconque. Une politique familiale digne de ce nom offrira aux femmes la possibilité de s'épanouir en répondant à leurs aspirations par l'aménagement du temps de travail, et par le biais des prestations sociales. Le maître mot : concilier famille et profession.

Forte de ses convictions et de son investissement dans la réforme du droit de la famille, Simone Veil s'engage à sa

Simone Veil à la sortie de l'Élysée le 1er janvier 1973, après la cérémonie des vœux du président de la République au Conseil supérieur de la magistrature, au Conseil de Paris, au District de la région parisienne et aux Armées.

« A chaque pas que l'homme a fait dans la civilisation, la femme a fait un pas vers l'égalité avec l'homme. »

Plus d'un siècle s'est écoulé depuis que l'auteur de cet aphorisme pouvait passer pour un révolutionnaire lorsqu'il liait l'idée de l'évolution de la condition féminine à celle du progrès.

S'il n'est pas évident que la civilisation ait véritablement progressé depuis, la femme, en dépit de détours nombreux, de certains faux-pas et de difficiles embûches, a fait tomber l'une après l'autre la plupart des barrières juridiques qui la séparaient de l'homme.

Précisons-le bien tout de suite, c'est d'égalité de droit qu'il s'agit ici et non d'égalité entre les situations de fait.

D'abord parce que la loi ne dispose que des droits, elle peut donner une même vocation à tous, elle ne modifie pas les individus et ne peut rendre identiques des êtres qui ont été créés dans la plus grande et plus merveilleuse diversité. Or, sur le plan des aptitudes, des possibilités ou du caractère, les femmes ne sont pas plus ni moins égales aux hommes que ceux-ci ne le sont entre eux.

En second lieu, la distance est souvent grande entre l'existence des droits et leur concrétisation. Il n'est point suffisant de bénéficier de droits égaux pour avoir la possibilité de les exercer effectivement. Or, si les discriminations juridiques à l'égard des femmes ne constituent plus que des vestiges exceptionnels, il n'en est pas moins vrai que les femmes se heurtent encore en fait à des difficultés matérielles aussi bien qu'à des résistances psychologiques qui les empêchent souvent de mettre en œuvre concrètement les droits dont elles disposent.

La plupart des réformes intervenues sont encore trop récentes pour savoir quelle sera l'attitude des hommes à la perspective d'une participation plus active des femmes à la vie sociale et si les femmes s'astreindront à assumer le plein exercice de leurs droits en dépit des obstacles qu'elles pourront rencontrer.

Il est à cet égard significatif et encourageant que la possibilité prévue par la loi du 13 juillet 1965 pour les époux mariés sous le régime de la communauté réduite aux acquêts de souscrire une déclaration commune, afin que le mari conserve les pouvoirs qu'il exerçait avant la loi nouvelle, n'a été que très faiblement usitée.

On peut cependant penser que, de même que le Code civil en consacrant l'incapacité de la femme mariée avait créé un environnement particulièrement favorable à la multiplication des discriminations à l'égard de la femme, de même la libération juridique de celle-ci devrait susciter un climat nouveau propre à assurer la « décolonisation de la femme ».

Conformément aux principes énoncés par la *Déclaration des droits de l'Homme*, le droit intermédiaire de la période révolutionnaire avait consacré l'égalité juridique de l'homme et de la femme même dans le mariage ; le Code civil de 1804, bien qu'il ait maintenu le principe de l'égalité des individus, a porté une large brèche à ce principe en ce qui concerne la femme mariée.

L'évolution de la condition juridique de la femme dans la société moderne

Simone VEIL
Magistrat

Soucieux de restaurer une famille solide, les rédacteurs du code ont placé la femme sous l'autorité du mari. Civilement incapable, astreinte à l'obéissance, la femme n'avait en droit aucun pouvoir sur ses enfants. Cette conception autoritaire et traditionaliste, conforme aux idées que NAPOLÉON exprimait ainsi à Mme de STAEL lorsqu'il lui disait que la femme qu'il estimait le plus était « celle qui sait le mieux s'occuper de son ménage », correspondait aux conceptions familiales et sociales d'une France paysanne et petite bourgeoise éprise d'ordre et d'autorité. Le mari était ainsi investi, au sein de la société far liale, des pouvoirs et des responsabilités que patron assume au sein de l'entreprise.

Du Code civil, dont on a pu dire qu'il était « véritable Constitution de la France », ce conception de la femme en position d'infério par rapport à l'homme a débordé le domaine d rapports privés pour s'imposer également dans vie sociale en général et notamment dans monde du travail.

Alors que, dès le début du XIXe siècle, l femmes fournissent à l'industrie et au comme une main-d'œuvre malléable et sous-payée (législateur ne se préoccupe que tardivement de protéger), tout concourt à faire obstacle à l'acce sion des femmes à une vie professionnelle no male et aux emplois qualifiés. Lorsque l'enseign ment supérieur est ouvert aux femmes, les profe sions leur sont fermées : réglementation propre la Fonction publique, jurisprudence des tribunau règles internes des professions ou pratiques d entreprises se liguent pour éliminer les femm des professions supposant un certain degré qualification, sauf lorsqu'on a besoin d'elle comme dans l'enseignement.

Déclarées inaptes à exercer des professio comportant des responsabilités, elles ne sont p davantage considérées comme capables d'assum des responsabilités dans la vie politique ou s ciale.

⁂

La discrimination sur le plan professionnel r sultant davantage des usages que des textes eu mêmes et étant même parfois contraire aux texte l'évolution en ce domaine s'est amorcée et a p progresser, avant toute modification du stat civil de la femme, du seul fait d'une certair évolution des mœurs. Pourtant, alors que le récentes réformes législatives ont consacré l'éga lité juridique au plan des rapports du dro privé, dans le domaine des relations économique et sociales, certaines traditions et certains usag ne disparaissent que très lentement, freinant ain l'accession des femmes à des responsabilités c premier plan.

On assiste ainsi à cette situation paradoxale alors que les femmes ont gagné leur émancipatic par le travail, c'est maintenant dans la vie pr fessionnelle qu'elles se heurtent aux plus grande inégalités.

⁂

Avant d'examiner, sous ce double aspect, l'év lution de la condition féminine, il nous semb intéressant de souligner que la sémantique ell même révèle parfaitement certains aspects d statut particulier de la femme et met en éviden l'ambiguïté de ce particularisme.

Dès l'âge adulte, pour ne pas dire dès sa nai sance, l'homme répond au vocable de « Mo sieur ». C'est officiellement le seul terme désigna une personne du sexe masculin, c'est aussi le se admis par les intéressés.

La femme, elle, change de catégorie en mêm temps qu'elle perd sa virginité — étant obser que cette date est censée coïncider avec celle d mariage. A ce changement de situation correspon une véritable accession sociale, ce qui expliq lans le cas où il y avait un danger pour elle-: et les enfants et où, en conséquence, risation de résider séparément entraînait atoirement pour la femme l'autorisation et , peut-on dire, l'obligation de prendre les ts avec elle, le nouvel article 215 du Code prévoit la possibilité pour le tribunal, lors-autorise la femme à avoir une résidence cte, de se prononcer sur la garde des enfants.

convient de souligner que lorsque le juge est appelé à autoriser la femme à résider sépa-nt, c'est en réalité une véritable séparation ait qu'il autorise, situation qui se trouve d'une certaine façon institutionnalisée par .

⁂

primant la qualité de chef de famille, pla-es époux sur un pied d'égalité, c'est davan-encore en ce qui concerne les rapports des ts avec les enfants, et essentiellement de la avec ses enfants, que la loi du 4 juin 1970 œuvre nouvelle.

précédemment la puissance paternelle était quement confiée au père et à la mère, le père seul qui, pendant le mariage, çait. En pratique, hors un vague droit de llance générale qui aurait permis à la mère rvenir en cas d'exercice abusif par le père n autorité, c'est le père, et le père seul, qui nabilité à prendre toutes les décisions concer-l'éducation et l'entretien des enfants. Sur le pratique, il en résultait de graves difficultés e les parents vivaient séparés et que la avait en fait la garde des enfants, si cette on n'était pas sanctionnée par une décision aire, ou même simplement en cas d'absence raire du mari.

effet, seul le père pouvait demander la ance d'un passeport pour son enfant, ou riser à sortir de France, choisir l'établisse-scolaire, faire une demande de bourse, pour l'enfant un contrat de travail ; auto-sauf en cas d'urgence, une intervention gicale, etc.

ormais, à l'égard de l'enfant légitime, l'au-parentale appartient **conjointement** au père a mère : « Les époux assurent **ensemble** la on matérielle et morale de la famille. Ils oient à l'éducation des enfants et préparent venir. »

ticle 213 nouveau du Code civil institue blement une nouvelle charte du mariage sur l'idée du couple dans lequel mari et : associent « leurs efforts en vue de la tion d'une société familiale où chacun e, avec son travail et son affection, la pos-de contribuer matériellement et morale-aux responsabilités du ménage et des choix ants pour l'éducation des enfants » (Rapport Tisserand à l'Assemblée nationale).

de permettre la mise en œuvre de cette é conjointe, sans contraindre les deux à manifester tous deux leur volonté à de chaque acte ou chaque décision concer-eurs enfants, la loi a prévu que pour les usuels de l'autorité parentale l'accord des parents est présumé.

principe devrait permettre en fait à chacun oux de faire la plupart des démarches aires à la vie quotidienne de l'enfant.

En cas de désaccord des parents sur ce qu'exige l'intérêt de l'enfant, il appartient à l'un ou l'autre des parents de saisir le juge des tutelles, qui tentera de les concilier et, s'il n'y parvient pas, prendra lui-même la décision lui paraissant la plus conforme à l'intérêt de l'enfant.

En ce qui concerne les enfants naturels, les modifications apportées par la loi du 4 juin 1970 à l'exercice de l'autorité parentale exercée par la mère sont encore plus radicales. Alors que les anciens textes prévoyaient que la puissance paternelle était exercée par le père lorsqu'il avait reconnu l'enfant avant la mère ou même lorsque les reconnaissances des père et mère étaient intervenues simultanément, le Code civil donne désormais une très grande priorité à la mère en posant le principe selon lequel, dès lors que la mère a reconnu son enfant, c'est elle seule qui exerce l'autorité parentale, quel que soit le moment où cette reconnaissance est intervenue. Cette règle manifeste le souci du législateur de prendre en considération la situation réelle de l'enfant naturel qui, le plus souvent, est élevé par la mère seule ; en outre, elle fera obstacle aux procédés autrefois usités par certains pères naturels qui, mieux informés du droit que la mère, reconnaissaient un enfant avant sa naissance et, se trouvant de ce fait investis des droits de puissance paternelle, pouvaient exercer un chantage permanent sur la mère par le biais de l'enfant.

Toutefois, pour tenir compte de situations particulières, il est prévu que le tribunal peut, à la demande des parents, décider que l'autorité parentale est exercée par les père et mère comme s'il s'agissait d'un enfant légitime, ou encore que l'autorité parentale est exercée par le père seul.

Ce bref aperçu des modifications apportées aux rapports juridiques existant d'une part entre les époux, et d'autre part entre la mère et ses enfants, devrait avoir mis en lumière qu'en ces matières le droit est désormais en harmonie avec les faits et que la femme, aussi bien en tant qu'épouse qu'en tant que mère, dispose de droits sensiblement égaux à ceux de l'homme : la prédominance réelle de l'un ou de l'autre au sein du ménage n'est plus qu'affaire de caractère et de comportement respectif de l'un et de l'autre, non de supériorité juridique.

⁂

En ce qui concerne les relations patrimoniales des époux, il n'en est pas encore tout à fait de même. Si la loi du 13 juillet 1965 a profondément remanié les anciennes dispositions du Code civil et considérablement élargi les pouvoirs de la femme, elle a cependant maintenu dans tous les régimes de communauté le principe du mari chef de la communauté, écartant ainsi l'idée d'égalité des époux.

Ainsi, à l'exception des ménages qui ont contracté un régime fondé sur le principe de la séparation de biens entre époux dans lequel chacun d'eux gère seul l'ensemble de ses biens personnels, qu'il s'agisse de biens acquis avant le mariage ou pendant le mariage, dans les régimes à base communautaire, qui constituent la très grande majorité des cas, c'est le mari qui gère, comme précédemment, les biens communs.

Les pouvoirs du mari ont cependant considérablement diminué. En premier lieu, c'est maintenant la femme qui gère ses biens personnels alors qu'autrefois, hormis les biens réservés constitués par ses gains et salaires acquis dans l'exercice d'une profession séparée, ses biens étaient gérés par le mari. Or, pour toutes les personnes mariées sous le régime légal, c'est-à-dire sans avoir fait de contrat de mariage, soit environ 80 à 90 %, la substitution du régime de communauté réduite aux acquêts à l'ancien régime légal de la communauté de meubles et acquêts a entraîné une augmentation de la masse des biens propres à chacun des époux, par rapport à la masse communautaire.

En second lieu, alors que le mari disposait pratiquement de pouvoirs discrétionnaires pour gérer les biens communs et même en disposer, sauf à titre gratuit, le mari ne peut désormais, sans le consentement de sa femme, vendre ou hypothéquer les immeubles, fonds de commerce et exploitations dépendant de la communauté, ni même donner à bail un fond rural ou un immeuble à usage commercial, industriel ou artisanal.

Administrant désormais ses biens personnels et ses biens réservés, obligatoirement associée aux actes les plus importants relatifs aux biens communs, la femme participe donc maintenant de façon très active à la gestion du patrimoine du ménage. De vives critiques se sont cependant élevées au Parlement lors de la discussion du projet de loi, les féministes reprochant au texte son caractère trop conservateur et déplorant le maintien, comme régime légal, d'un régime fondé sur l'idée de communauté ayant pour chef le mari. Il nous semble en réalité que, compte tenu des usages préexistants, de l'inexpérience souvent encore trop grande en matière de gestion financière d'un certain nombre de femmes, des habitudes parfois contractées au début du mariage de laisser faire le mari, le régime retenu soit celui qui, en l'état, présente pour les femmes le moins d'inconvénients.

En effet, un régime communautaire de cogestion, qui peut éventuellement être adopté à titre contractuel, s'il avait été retenu comme régime légal, aurait été trop rigide et trop compliqué puisqu'il suppose pour chaque acte la signature des deux conjoints. Quant au régime de séparation de biens, il paraît, à l'exception de certains cas correspondant à des situations particulières, moins satisfaisant pour les femmes, car s'il leur donne moralement satisfaction en leur laissant tous pouvoirs pour gérer leurs biens personnels, il risque en fait de leur être très défavorable chaque fois que le mari a des revenus supérieurs à ceux de la femme, ce qui est aujourd'hui le cas le plus fréquent. En effet, lorsque la femme ne travaille pas ou si ses revenus sont moindres elle ne pourra, à la dissolution du mariage, profiter des économies qui auront été faites, souvent grâce à elle.

C'est pourquoi il avait été préconisé d'adopter comme régime légal le régime de séparation de biens avec société d'acquêts ou avec participation aux acquêts. Ces régimes, dans le détail desquels nous ne pouvons entrer, présentent le gros inconvénient de contraindre les époux à tenir des comptes très à jour et à conserver la preuve de toutes les opérations financières auxquelles ils procèdent.

De telles obligations, outre qu'elles ne sont pas sans inconvénients pour la bonne entente au sein manière pour l'émancipation des femmes. Responsable de la commission « législation et sécurité sociale », elle contribue à l'amélioration du régime de retraite des femmes ayant élevé au moins deux enfants, à la modification des dispositions en matière de pension de réversion, et à l'augmentation de l'indemnisation du congé maternité. Elle s'attache à « installer » la nouvelle notion d'autorité parentale en plaidant pour faire disparaître des textes la mention « chef de famille » et pour revoir l'affiliation automatique de l'enfant à la caisse de Sécurité sociale du père.

Siéger au sein de ces commissions lui ouvre les portes d'une contribution à un numéro spécial, en 1973, de la revue *Arts et Manufactures*, revue des anciens élèves de l'École centrale. Dans son introduction, Edgar Faure, alors ministre d'État chargé des Affaires sociales, annonce que le gouvernement proposera un projet de loi visant à l'égalité de la rémunération pour un même travail.

Dans ce numéro intitulé « Devenir féminin et société moderne », Françoise Parturier, qui défend les droits des femmes dans les colonnes du *Figaro*, et le docteur Escoffier-Lambiotte, qui tient la rubrique « médecine et santé » dans *Le Monde*, cotoient des spécialistes, hauts fonctionnaires ou universitaires. Simone Veil, présentée comme magistrat, signe un article rarement cité sur « L'évolution de la condition juridique de la femme dans la société moderne », qui constitue un résumé saisissant de sa pensée, une sorte de manifeste ou de programme d'action en faveur de l'égalité des femmes et des hommes. Simone Veil relève les améliorations juridiques obtenues par les femmes depuis le début du XXe siècle, qu'elle juge insuffisantes pour assurer « la décolonisation » de la femme, c'est-à-dire le fait de se sortir de son état d'infériorité. Elle n'y va pas par quatre chemins, ne se gênant pas pour déplorer l'usage des termes « mademoiselle » ou « nom de jeune fille » par les services administratifs.

Double-page précédente : La question de l'activité professionnelle des femmes est très tôt au cœur de la réflexion de Simone Veil. En 1973, elle n'hésite pas à prendre la plume publiquement pour défendre ses idées concernant l'indépendance des femmes qu'elle appelle de ses vœux (*Arts et Manufactures*, numéro spécial sur « Devenir féminin et société moderne », janvier 1973).

Rien ne les oblige, « mais les usages ont la vie dure », fustige-t-elle. On la sent indignée quand elle écrit : « La femme, elle, change de catégorie en même temps qu'elle perd sa virginité – étant observé que cette date est censée coïncider avec celle du mariage. »

Sa conclusion est le credo de toute sa vie : « C'est donc par l'accession à tous les emplois que la condition de la femme peut évoluer et, pour cela, il faut qu'elle ait, d'une part, la qualification nécessaire, d'autre part, les moyens matériels qui lui permettent d'avoir une activité professionnelle similaire à celle des hommes. »

Prenant l'exemple de la magistrature qu'elle connaît bien, elle remarque que, depuis 1948, le nombre de femmes candidates à l'examen professionnel n'a cessé d'augmenter, un tiers de femmes dans chaque promotion. Si Simone Veil prend soin de souligner que « quelques femmes sont déjà vice-présidentes au tribunal [de grande instance] de Paris, conseillères de cour d'appel en province, et qu'une femme préside le tribunal [de grande instance] de Fontainebleau ainsi que celui de Saint-Malo », elle ajoute : « Aucune femme n'ayant jusqu'ici plus de vingt-cinq années d'ancienneté, il est encore trop tôt pour savoir si des postes de responsabilité et d'autorité à la tête d'un tribunal important ou d'une cour d'appel leur seront effectivement confiés. »

Fine mouche, Simone Veil souligne que la présence des femmes dans la magistrature reste malheureusement exceptionnelle. Mais elle constate que les « candidats masculins de qualité » s'en détournent, alors que la souplesse des horaires attire les mères de famille. Au fait des dernières études réalisées sur la sociologie de la profession, la magistrate en déduit une règle toujours vraie aujourd'hui : « Moins une profession est recherchée, plus le pourcentage de femmes est élevé. » Le déroulement de leur carrière, « dans les professions où elles sont en compétition avec des hommes démontre que leurs chances d'accéder à un poste de responsabilité sont nettement inférieures, sinon inexistantes pour les postes les plus élevés ». Sa philosophie est simple : aucun poste ne doit leur être réservé, aucun ne doit leur être interdit.

Quant à leur place en politique, Simone Veil se montre encore plus catégorique : « Jouissant de tous leurs droits civiques depuis 1945, les femmes ne sont pourtant présentes au gouvernement qu'au titre de cas d'espèce et au Parlement à dose homéopathique. » Et d'insister : « Il ne nous appartient pas de rechercher ici comment il se fait que, plus de trente ans après avoir obtenu leur émancipation politique, les femmes ne jouent au sein des partis politiques de toutes tendances qu'un rôle des plus modestes et qu'elles sont moins nombreuses au Parlement aujourd'hui qu'au lendemain de leur conquête. »

Autre titre, Simone Veil est appelée pour siéger au sein du conseil d'administration de l'ORTF (Office de radiodiffusion-télévision française). Pour autant, elle n'est pas dupe : « Comme il fallait des femmes, on les a prises là où elles étaient[26] », dit-elle sans détour. D'autres nominations l'attendent : au secrétariat général de la Fondation Claude Pompidou en faveur des personnes âgées et handicapées ; au Conseil de l'Europe comme experte sur l'âge de la majorité, présidente du comité sur le statut juridique des enfants « nés hors mariage ».

Ni parlementaire ni membre d'un parti politique, Simone Veil, si elle est encore inconnue du grand public, est déjà une personnalité en vue dans les milieux dirigeants, une juriste dont l'expertise est reconnue, quelqu'un dont l'avis compte.

En 1974, Simone Veil est donc une fonctionnaire engagée pour l'amélioration de la condition féminine, qui a déjà à son palmarès la participation active aux grandes réformes en droit civil (adoption, statut des malades mentaux et des personnes vulnérables, autorité parentale), ainsi qu'une bonne connaissance des questions de Sécurité sociale et de travail féminin. Ayant une vision précise des blocages juridiques ou réglementaires à éliminer pour parvenir à l'égalité réelle, elle sait aussi d'expérience que la modification des textes ne suffit pas. Les mentalités et les habitudes sont autant de freins aux changements.

Pendant ses quinze ans au ministère de la Justice, elle rencontre des gens de milieux et d'horizons très divers sur lesquels elle s'appuiera en temps voulu. Sa collaboration avec Marie-Madeleine Dienesch lui sera précieuse dans l'avenir. Ancienne résistante, catholique, croyante, celle-ci est proche de l'association Laissez-les vivre du professeur Lejeune que Simone Veil rencontrera par son intermédiaire, quand elle préparera le projet de loi sur l'avortement.

Faire de la politique ? Elle n'y pense pas et se défend d'en faire. Pas de politique active en tout cas. C'est le domaine de son mari, Antoine Veil, brillant inspecteur des finances, qui a fait partie de plusieurs cabinets ministériels. Nommé à la direction d'UTA (Union de transports aériens) en 1971, Antoine Veil est élu la même année au Conseil de Paris. En bonne épouse, Simone l'accompagne dans les dîners où se côtoie le Tout-Paris. Ou bien ils reçoivent chez eux, place Vauban, derrière la place des Invalides, où ils ont emménagé en 1969. Tous les deux sont centristes et européens, choisissent de voter pour Jacques Chaban-Delmas, gaulliste et réformiste, plutôt que pour Valéry Giscard d'Estaing, ce grand bourgeois libéral. Impossible de voter pour François Mitterrand qui a le tort de s'être allié au Parti communiste. Il est indéniable que les relations politiques de son mari vont aider Simone Veil, les amis du couple sont les siens, tandis qu'elle continue de voir, seule, ses camarades de déportation, notamment Marceline Loridan et Paul Schaeffer.

Longtemps après, on racontera qu'un soir, dînant chez Marie-France Garaud, Antoine Veil a rabroué son épouse qui prenait la parole : « Une seconde, Simone, là nous parlons politique. » C'est pourtant elle qui ira au gouvernement.

« Ce n'est pas parce qu'il y a, de par le monde, quelques femmes chef d'État ou de gouvernement que nous pouvons ignorer la faible proportion de femmes que comptent les parlements, et ce n'est pas parce qu'un certain nombre de femmes siègent dans des conseils d'administration que nous pouvons affirmer que la situation des femmes dans les entreprises s'est améliorée sensiblement. »

Discours à Dublin, le 28 novembre 1981, devant les participantes au séminaire organisé par la *Women's Political Association*.

Simone Veil siégera
à la demande de Georges
Pompidou au conseil
d'administration de l'ORTF.
Elle sera la première femme
à occuper ce poste.

II

MINISTRE

1974-1979

« C’est ainsi par exemple, que dans le projet de refonte des prestations sociales, qui sera présenté au Parlement au printemps prochain, nous avons adopté un principe de neutralité vis-à-vis de la femme au travail en aidant les jeunes femmes – qu’elles travaillent ou non – lorsqu’elles ont de jeunes enfants… Nous avons estimé que ces réformes correspondent à la sociologie actuelle de la famille française, à une neutralité nécessaire pour laisser les femmes libres de travailler ou de ne pas travailler. »

Colloque de la femme médecin, le 28 septembre 1976,
dans Simone Veil, *Mes combats*.

5 RANG DE MINISTRE

Au moment de la campagne présidentielle de 1974, Simone Veil n'affiche aucune ambition politique. Elle pratique une sorte de conservatisme éclairé, elle a soutenu la « nouvelle société » de Chaban-Delmas, mais elle a été déçue par sa campagne. Elle vote pour Valéry Giscard d'Estaing (VGE) qu'elle n'apprécie guère, le trouvant trop bourgeois, sans imaginer que son futur Premier ministre va lui proposer le portefeuille de la Santé dans son gouvernement.

Pourquoi elle ? Ce n'est pas tout à fait le hasard. Son nom circulait déjà dès février 1973 : rendant hommage à son travail de secrétaire du Conseil supérieur de la magistrature, *Marie Claire* la désignait comme le Premier ministre idéal dans le gouvernement entièrement féminin auquel les femmes se mettent parfois à rêver[27].

Qui souffle son nom à l'oreille de Jacques Chirac ? Son amie Marie-France Garaud qui est en 1967 au cabinet de Georges Pompidou, alors Premier ministre du général de Gaulle, après avoir été chargée de mission auprès du garde des Sceaux, Jean Foyer. De cette époque, date une amitié entre les deux femmes, dînant régulièrement ensemble avec leurs maris. Marie-France Garaud est devenue l'éminence grise de Jacques Chirac, désormais à Matignon, qui cherche des femmes. La stratégie de Giscard d'Estaing est claire, s'appuyer sur les Françaises pour entraîner tout le pays dans le changement.

Président jeune et « moderne », VGE est sensible à l'influence des mouvements féministes et conscient de l'indépendance croissante des femmes (percée spectaculaire dans les études supérieures, essor de leur travail salarié, augmentation des divorces, choix d'avoir ou non un enfant, etc.).

Les femmes au pouvoir ? C'est déjà possible.
La preuve: ce gouvernement que Marie Claire a composé.

Cette photo est un montage. Aucune des personnes qui y figurent n'a été consultée. Toutes seront surprises de leur « nomination ». Beaucoup, parce qu'elles ont fait de la discrétion leur règle de vie, nous en voudront de les mettre ainsi en avant. Nous nous excusons auprès d'elles, mais nous ne pensons pas que la réussite des femmes doit s'entourer de plus de mystère que celle des hommes.

Cette image est à la fois une démonstration et une fiction. Une démonstration, car pour chaque poste de ministre nous avons trouvé une femme possédant l'autorité et la compétence nécessaires. Dans la plupart des cas, nous avons eu même l'embarras du choix.

Ce document est naturellement une fiction, puisque nous n'avons pas tenu compte des sympathies ou des appartenances politiques ni des souhaits des intéressées. Voici donc le gouvernement dont nous avons rêvé. PREMIER MINISTRE : SIMONE VEIL. Peu connue du public, Simone Veil occupe cependant un poste de haute responsabilité : elle est secrétaire générale du Conseil supérieur de la magistrature. Son autorité morale en fait l'une des grandes figures de l'administration.

De par sa fonction, elle a suivi de près les réformes juridiques récentes qui ont transformé la trame de la vie familiale. Simone Veil nous a donc parue idéalement préparée à diriger le gouvernement dans une période de transition sociale accélérée. Membre du conseil d'administration de l'O.R.T.F., mariée au P.-D.G. d'une grande compagnie d'aviation, elle est ouverte aux problèmes d'information et aux préoccupations économiques. Ancienne déportée, elle a déjà donné les preuves de son courage. MINISTRE DE LA DÉFENSE NATIONALE : ANNE CHOPINET. Pour la première fois, en 1972, le concours d'entrée à Polytechnique est ouvert aux femmes. Anne Chopinet, dix-neuf ans, se classe major de sa promotion. Polytechnique étant une école militaire, et Anne Chopinet sa meilleure recrue de 1972, la Défense nationale lui revient d'office. Une jeune fille à la tête des armées ? Il y a un précédent : Jeanne d'Arc.

MINISTRE DES AFFAIRES SOCIALES : JACQUELINE DHERVILL LAMBERT. A trente-deux ans, elle figure parmi les dirigeantes de la C.G. Cette centrale syndicale possède à sa tête un secrétariat de quin membres, parmi lesquels on compte deux femmes dont Mme Dhervil Lambert. Celle-ci s'occupe plus particulièrement des questions sociale Mais, sortie de l'Ecole des impôts, ancien inspecteur du fisc, elle est pa faitement équipée pour chiffrer l'incidence économique des réforme GARDE DES SCEAUX, MINISTRE DE LA JUSTICE : MÉNIE GRÉGOIR Ses émissions sur Radio-Luxembourg et ses articles dans « Marie Claire ne sont pas la seule activité de Ménie Grégoire. Sa connaissance de condition féminine lui a permis d'intervenir efficacement dans l'élaboratic de projets de lois touchant à la famille. Son expérience des drame familiaux des Français en fait un garde des Sceaux idéal au moment o entrent en application toutes les nouvelles lois régissant la vie des épou MINISTRE DES AFFAIRES ÉTRANGÈRES : SIMONE SERVAIS. E novembre 1970, Simone Servais a été nommée ministre plénipotentiair Elle est, depuis Mme Georges Bidault, la première femme à recevoir c titre mérité par une longue carrière diplomatique. Depuis deux ans el suit les problèmes d'organisation des postes de coopération culturell MINISTRE DE L'INTÉRIEUR : FRANÇOISE JURGENSEN. Elle s'appela encore Mlle Chandernagor lorsqu'elle sortit en 1969 de l'Ecole nationa d'administration, major de sa promotion. Françoise Jurgensen est, vingt-sept ans, auditeur au Conseil d'Etat, à la section du contentieu Elle est donc une spécialiste des questions d'administration intérieure

ıISTRE DE L'ÉCONOMIE ET DES FINANCES : GILBERTE BEAUX. ·ée à seize ans dans une banque, elle est, aujourd'hui, la seule femme France, .P.-D.G. d'une banque : la Banque occidentale pour le ımerce et l'industrie. Auparavant, elle a occupé tous les échelons de ıiérarchie bancaire, gagnant sa promotion par des études de droit et :onomie politique suivies en cours du soir, puis grâce aux cours de stitut technique de banque, d'où elle est sortie major de sa promotion.
ıISTRE DE L'ÉDUCATION NATIONALE : ALICE SAUNIER-SEITE. Dès icence de géographie terminée, Alice Saunier-Seite entra au C.N.R.S. ır gagner de quoi passer son agrégation. Nommée professeur à l'uni-ııté de Rennes puis à celle de Brest, elle y fut élue en 1967, première ıme doyen de faculté. Depuis 1970, elle a quitté la Bretagne pour ırir à Sceaux un Institut universitaire de technologie qu'elle dirige.
ıISTRE DE L'AMÉNAGEMENT, DE L'ÉQUIPEMENT, DU LOGEMENT DU TOURISME : NICOLE DAURÈS. Elle est la deuxième femme à avoir ıi les cours de l'école des Ponts et Chaussées. Diplômée en 1964, elle ıaille depuis dans les services d' « engineering » de l'E.D.F., où elle a affectée au secteur de pointe : celui des centrales atomiques.
ıISTRE DES AFFAIRES CULTURELLES : MADELEINE HOURS. Il y a ılques années, les téléspectateurs se passionnaient grâce à elle pour radiographie des chefs-d'œuvre de la peinture française. Madeleine ırs est l'un des conservateurs en chef du Louvre où elle a créé le oratoire pluridisciplinaire ultra-moderne de la Recherche des Musées France consacré au service des œuvres d'art.

MINISTRE CHARGÉ DE LA PROTECTION DE LA NATURE ET DE L'ENVIRONNEMENT : CATHERINE CHOMBEAU. Il y a cinq ans, on aurait dit qu'elle était la première femme conservateur des Eaux et Forêts. Aujourd'hui, ce métier s'appelle moins poétiquement « ingénieur des travaux ». Il consiste à gérer et à préserver les forêts domaniales et communales, à veiller au reboisement des zones saccagées par le vandalisme des hommes ou l'urbanisation mal dirigée. Mlle Chombeau a 22 ans.
MINISTRE DE L'AGRICULTURE : SUZANNE MERIAUX. Docteur ès sciences, épouse d'un ingénieur agronome, Suzanne Mériaux s'est consacrée à la recherche en agriculture. Elle a été nommée à trente-six ans directrice de la station de recherche de l'Institut national agronomique de Dijon. Elle occupe aujourd'hui les mêmes fonctions à Nîmes.
MINISTRE DU DÉVELOPPEMENT INDUSTRIEL ET SCIENTIFIQUE : HÉLÈNE DE VOGÜE. P.-D.G. de Cerabati, Hélène de Vogüe a fait, en quelques années, d'une petite entreprise de carreaux en grès cérame le premier fabricant français. Déployant une énorme capacité d'animation et de travail, Hélène de Vogüe a métamorphosé une fabrique familiale jusque-là localisée dans l'Est. Aujourd'hui près de 4 000 personnes réparties dans six usines en France et en Belgique façonnent ses produits commercialisés dans le monde entier.
MINISTRE DE LA SANTÉ PUBLIQUE : CLAUDE ESCOFFIER-LAMBIOTTE. En1962, elle a fondé la Recherche médicale française dont elle est depuis secrétaire générale. Peu après, les Américains lui ont demandé de créer à New York une institution analogue : la Foundation for Research in Medicin and Biology. Elle est membre de son comité directeur comme de celui de l'Institut international de bio-éthique, spécialisé dans les problèmes moraux liés à l'évolution de la médecine.

Née dans la Nièvre, elle a fait, par suite de la guerre, ses études médicales en Belgique où elle a reçu en 1947 le titre de docteur en médecine, chirurgie et accouchement avec félicitations exceptionnelles du jury. Pendant plusieurs années, elle a travaillé en liaison étroite avec son mari, chef de recherche à Pierre-Curie, sur le cancer de la tête et du cou. Membre de l'assemblée générale de l'Institut Pasteur, le docteur Escoffier-Lambiotte est responsable de la rubrique de médecine au « Monde ».
MINISTRE DES TRANSPORTS : BRIGITTE GROS. Cela fait près de vingt-cinq ans que Brigitte Gros, journaliste, se passionne pour tous les problèmes d'urbanisme et de transports. Maire de Meulan depuis 1966, elle fut tellement frappée par les difficultés de ses administrés, qu'elle en tira un livre explosif : « Quatre Heures de transport par jour », dans lequel elle relate l'enfer imposé aux millions d'habitants de la banlieue.
MINISTRE DES POSTES ET TÉLÉCOMMUNICATIONS : MADELEINE DUPEYRON. Elle a fait toute sa carrière dans les P.T.T., où elle est entrée il y a trente-quatre ans comme auxiliaire dans un bureau de poste. A force de concours, elle est passée aux téléphones, puis dans les services administratifs où elle occupe aujourd'hui le poste de contrôleur divisionnaire. Entrée au syndicat Force Ouvrière, elle est devenue membre du bureau fédéral après avoir été dix ans adjointe au secrétaire général.
MINISTRE DES ANCIENS COMBATTANTS ET VICTIMES DE GUERRE : MARIE-MADELEINE FOURCADE. Elle fut l'une des héroïnes les plus actives de la dernière guerre. Chef du réseau Alliance de la Résistance, arrêtée en 1942, déportée, évadée en 1944, elle fut nommée, pour ses faits d'armes, officier de la Légion d'honneur. Depuis la fin de la guerre, elle s'est consacrée à faire respecter les droits des anciens combattants.
MINISTRE DE LA PROMOTION FÉMININE : ÉVELYNE SULLEROT. Nous créons ce ministère qui aura pour tâche principale d'assurer aux femmes les mêmes chances qu'aux hommes dans leur vie professionnelle. Nous l'attribuons à Evelyne Sullerot, sociologue, parce qu'elle n'a cessé de s'intéresser à tout ce qui touche au travail féminin. Son rapport sur la formation professionnelle des jeunes filles et des femmes en Europe fait autorité. Evelyne Sullerot est chargée de cours à la faculté de Nanterre.
SECRÉTAIRE D'ÉTAT A LA JEUNESSE, AUX SPORTS ET AUX LOISIRS : MARIE-THÉRÈSE EYQUEM. Obligée de gagner sa vie à quatorze ans, tout en préparant son bac latin-grec puis une licence de lettres, Marie-Thérèse Eyquem, dans sa jeunesse, ne se permit qu'une détente : la danse et le sport. Aujourd'hui, elle est inspectrice principale de la Jeunesse et des Sports, et membre du comité directeur du parti socialiste. Du ministère que nous lui confions, elle connaît les moindres mécanismes puisqu'elle participa à sa création en 1955 et qu'elle y est encore.
SECRÉTAIRE D'ÉTAT AUPRÈS DU PREMIER MINISTRE, PORTE-PAROLE DU GOUVERNEMENT : FRANÇOISE GIROUD. Brillante journaliste, directrice et éditorialiste de « l'Express », passionnée de politique, qui mieux que Françoise Giroud pourrait expliquer aux Françaises et aux Français le programme de ce premier gouvernement féminin.
SECRÉTAIRE D'ÉTAT A L'ACTION SOCIALE ET A LA RÉADAPTATION : MARIE-MADELEINE DIENESCH. Elle était la seule femme ministre du précédent gouvernement et elle reste naturellement à son poste où elle a fait la preuve de sa compétence et de son dévouement. Elle poursuivra donc son œuvre pour les vieillards et les handicapés et continuera à alerter les Français sur les drames des défavorisés.

Son idée est de prendre en compte certaines aspirations du féminisme pour renforcer sa popularité dans l'opinion. Il va nommer neuf femmes entre 1974 et 1981 : Simone Veil, Françoise Giroud, Hélène Dorlhac, Alice Saunier-Séïté, Annie Lesur, Christiane Scrivener, Nicole Pasquier, Monique Pelletier et Hélène Missoffe. Le pourcentage de femmes passe de 3 % sous la présidence de Georges Pompidou à 9,5 %. Pour la première fois depuis Germaine Poinso-Chapuis en 1947, une femme est ministre de plein exercice sous la Cinquième République.

Commentant l'arrivée de Simone Veil au ministère de la Santé, *Le Monde* titre « Le mal de vivre » faisant allusion à sa fatigue exprimée au Conseil de la magistrature, expliquant que « la lassitude vient d'autant plus vite pour qui a plus tôt été sauvagement jetée dans la vie : à peine adolescente, Mme Simone Veil est déportée au camp de Ravensbrück [sic]. Y partir à cet âge et en revenir annonce que l'on n'est pas femme à subir, mais à vaincre ». Il aurait été question d'elle au ministère de la Justice, mais des magistrats se sont plaints d'être sous la responsabilité d'un « simple substitut ». L'intéressée, pour sa part, est convaincue de ne pas tenir longtemps, persuadée qu'elle ferait rapidement une sottise[28].

À 46 ans, Simone Veil, chignon parfaitement bombé, tailleur classique, déjà grand-mère, prend ses fonctions au ministère de la Santé, avenue de Ségur, à quelques pas de son domicile. Elle s'entoure de nombreuses femmes, dont la conseillère d'État Colette Même et Myriam Ezratty, procureure, et prend une décision qui surprend : la nouvelle ministre exige que son officier de sécurité soit une femme. Autre nouveauté : la ministre n'hésite pas à se plaindre du protocole qui relègue son mari, comme elle dit, « aux chiottes[29] ». René Pleven, à qui elle confie dès son arrivée au gouvernement qu'elle ne veut pas qu'on l'appelle « Madame le ministre », s'exclame : « Mais au contraire, faites attention, n'acceptez pas qu'il y ait moins de forme pour vous que pour un homme[30]. »

Double-page précédente : En février 1973, le mensuel féminin *Marie Claire* imagine Simone Veil, alors inconnue du grand public, Premier ministre dans un gouvernement de femmes.

Ci-contre : Mars 1975. Photographiée dans son bureau au ministère de la Santé, avenue de Ségur, la ministre pose avec sa petite-fille. Elle est en train de devenir l'une des personnalités préférées des Français.

« … Je veux surtout être efficace
et ce, par tempérament ;
je ne me laisse pas emporter par
les grandes idées théoriques. »

Jours de France du 31 mai 1979.

Parmi les premières décisions de VGE figure l'abaissement de la majorité à 18 ans, réforme à laquelle elle a contribué en tant qu'experte au Conseil de l'Europe : 2,4 millions de Français sont concernés. Cette évolution comble le retard pris par rapport aux voisins européens qui avaient réformé l'âge de la majorité des années plus tôt.

Pourquoi VGE choisit-il Simone Veil pour préparer la réforme du droit à l'avortement ? Son collègue, Jean Lecanuet, garde des Sceaux, est profondément catholique et trop content de se débarrasser du dossier. En toute logique, VGE aurait dû confier ce projet à Françoise Giroud, secrétaire d'État à la condition féminine. Mais l'ex-directrice de *L'Express* est ouvertement féministe et marquée à gauche. Habile, le Président a préféré Simone Veil. Ses atouts ? Femme, mère de famille, juriste, sans affiliation à un parti. Cela n'empêche pas un certain nombre de médecins et d'universitaires de montrer leur mécontentement de voir une femme à la tête d'un ministère qu'ils convoitaient.

La presse la présente comme une grand-mère modèle, une figure maternelle rassurante, avec son allure bourgeoise. Le 16 novembre 1974, invitée de l'émission « Aujourd'hui madame[31] », sa réponse est nette : « Oh féministe. Qu'est-ce qu'on entend par là ? Je ne crois pas être féministe au sens de la revendication de femmes de vouloir démontrer qu'elles ont été les esclaves des hommes et qu'elles ont été très malheureuses, je n'appréhende pas du tout le problème de cette façon. »

Il est urgent d'agir. Au début des années 1970, la pression féministe est forte, les militantes du MLF (Mouvement de libération des femmes) font entendre leur voix : « Un homme sur deux est une femme », « Il y a encore plus inconnu que le soldat, sa femme », et autres slogans du même ordre fleurissent. L'avortement devient un grand débat national. Le 5 avril 1971, 343 Françaises ont le courage de signer le manifeste « Je me suis fait avorter », publié par *Le Nouvel Observateur*.

Après l'élection de Valéry Giscard d'Estaing à la présidence de la République, Simone Veil est nommée ministre de la Santé du premier gouvernement Chirac (10 juin 1974).

Valéry Giscard d'Estaing et son épouse posent dans le salon de l'Élysée avec des femmes députées. De gauche à droite : Aliette Crespin, Hélène Missoffe, Yvonne Stephan, Anne-Marie Fritsch, Brigitte Gros, Jacqueline Thome-Pâtenotre, Nicole de Hauteclocque... Et deux membres du gouvernement, Simone Veil, ministre de la Santé, et Christiane Scrivener, secrétaire d'État à la consommation.

Grâce à son amie Marceline Loridan, une des signataires du Manifeste des 343 (appelé aussi Manifeste des 343 salopes), Simone Veil suit de près cette déclaration d'insoumission civile, qui signe l'échec de la loi du 31 juillet 1920. Celle-ci « réprime la provocation à l'avortement et à la propagande anticonceptionnelle ». L'appliquer serait poursuivre Beauvoir, Duras, Deneuve, Presles, Seyrig… Leur célébrité les protège et, grâce à elles, sort l'avortement de l'anonymat. Le procès de Bobigny marque un temps fort en octobre 1972 : une jeune fille de seize ans, Marie-Claire, est relaxée par la justice après avoir été accusée d'avoir, grâce à une femme avorteuse, interrompu une grossesse, résultat d'un viol. Son avocate, Gisèle Halimi, dénonce une loi « objectivement mauvaise, immorale et caduque », et plaide pour toutes les femmes et leur droit à choisir d'avorter ou non. À la suite de ce procès, une circulaire recommande de ne plus poursuivre les intéressées. De 518 condamnations pour avortement en 1971, on passe à 288 en 1972 et à quelques dizaines seulement en 1973.

Elle, *Marie Claire*, *Le Nouvel Observateur*, la *Revue du Planning familial*, l'association Choisir, fondée par Gisèle Halimi, mènent un combat sans relâche, bientôt appuyés par les docteurs Marie-Andrée Weill-Hallé, Pierre Simon, Joëlle Kauffmann, et soutenus par les féministes réunies au sein du MLF et leur journal *Le Torchon brûle*. Nombreuses sont les

voix qui s'élèvent et jugent le temps venu de laisser les femmes « disposer librement de leur corps ».

Le 27 juin 1974, un mois après son arrivée au ministère de la Santé, Simone Veil présente un premier ensemble de mesures en faveur des femmes. Elle complète d'abord la loi Neuwirth par une nouvelle loi entrée en vigueur le 4 décembre 1974, qui prévoit le remboursement de la pilule par la Sécurité sociale et rend les contraceptifs gratuits dans les centres de planning familial ou ceux de la protection maternelle et infantile, pour les mineures « désirant garder le secret ». En revanche, « la propagande anticonceptionnelle reste interdite ».

À ses yeux, l'accès à la pilule constitue une révolution plus importante que la légalisation de l'avortement. La femme acquiert de l'indépendance, décidant du moment où elle désire avoir un enfant. Devant les députés, elle prend clairement position : « Les passions maintenant apaisées, le gouvernement veut que la contraception devienne enfin un acte médical comme les autres, soumis aux mêmes règles, et débarrassé des tabous qui l'ont entouré dans le passé. » La libéralisation de la contraception constitue pour elle une réforme de société aussi importante que l'abaissement de la majorité à 18 ans, et sa volonté de normaliser la contraception est étroitement liée à la problématique de l'avortement. Elle considère en effet que la contraception « constitue l'arme de dissuasion la plus efficace contre l'avortement[32] ».

Mais, plus que la contraception, l'avortement déchaîne les passions. Pour une majorité de catholiques, l'aspiration d'un fœtus vaut un infanticide. Les oppositions les plus virulentes s'expriment à droite et trouvent un appui auprès de l'Ordre des médecins. L'ancien ministre de la Justice Jean Foyer est vent debout : l'avortement légal est selon lui le début d'un engrenage fatal menant à l'euthanasie. En 1970, l'association Laissez-les vivre est créée pour maintenir la législation en vigueur. D'autres lui emboîtent le pas.

Grande journaliste, fondatrice du journal *L'Express* aux côtés de Jean-Jacques Servan-Schreiber, Françoise Giroud prend la tête du premier secrétariat d'État à la condition féminine en juillet 1974. Elle est ici photographiée avec Simone Veil à la sortie d'un Conseil des ministres en octobre 1975.

« Comme magistrat, ministre de la Santé, parlementaire européen, ou dans diverses associations, je crois que je me bats toujours pour la même chose : une certaine conception de la justice et de la dignité de l'homme. »

F magazine, août 1983.

Mais les chiffres parlent d'eux-mêmes. Il y a de 200 000 à 300 000 avortements clandestins par an en France. Combien de bus partent vers les Pays-Bas ou l'Angleterre où des femmes nanties peuvent faire interrompre une grossesse non désirée ? Les autres, en revanche, doivent recourir à d'archaïques « faiseuses d'anges » dont les méthodes blessent les femmes, les rendent stériles, ou pire, les tuent.

Mai 1973. La mobilisation est si forte que le Premier ministre d'alors, Pierre Messmer, demande au ministre de la Justice, Jean Taittinger, et à Michel Poniatowski, ministre de la Santé publique et de la Sécurité sociale, de préparer une réforme. Mais ni le Premier ministre ni le président de la République ne sont prêts à lancer le débat. Ce nouveau projet de loi autorise partiellement l'avortement, dans le cas où il existe un réel danger pour la santé physique ou mentale de la mère, un risque élevé de malformation ou quand la grossesse est le fruit d'un viol ou d'un inceste. Il est renvoyé en commission par

La presse (ici, *L'Aurore*, le 29 mai 1974) se fait largement l'écho de l'entrée de la seule femme ministre du gouvernement dirigé par Jacques Chirac entre mai 1974 et août 1976. On compte trois femmes secrétaires d'État : Hélène Dorlhac (Justice), Françoise Giroud (Condition féminine) et Annie Lesur (Éducation nationale).

ELLE VEILLERA DÉSORMAIS SUR LA SANTÉ DES FRANCAIS

Mme le ministre Simone Veil, ex-secrétaire générale du Conseil supérieur de la magistrature, seule femme parmi les seize au gouvernement, occupe désormais le poste laissé vacant par le départ de Michel Poniatowski : le ministère de la Santé. Elle est mariée et mère de trois enfants.

Les réunions dans le bureau de Simone Veil sont nombreuses. Pour diriger son cabinet, elle a fait appel, en 1974, comme en 1993, à Dominique Le Vert. À noter qu'elle s'entoure de plusieurs femmes avec qui elle a déjà travaillé au ministère de la Justice.

225 voix contre 212. Mais, le livre blanc publié à l'occasion de nombreuses auditions organisées à l'Assemblée nationale sera, selon Simone Veil elle-même, très utile aux débats de 1974.

Premier temps, la loi d'amnistie du 10 juillet 1974 efface toutes les peines prononcées en matière d'avortement contre des femmes. Le 25 juillet, Valéry Giscard d'Estaing déclare que le gouvernement n'engagera plus de poursuites dans l'attente d'une loi votée par le Parlement. Cette annonce présidentielle relance brutalement l'affrontement entre les partisans et les adversaires de l'avortement. Plusieurs centaines de médecins expliquent publiquement pourquoi ils ont pratiqué des avortements tandis que d'autres, soutenus par des juristes, en appellent solennellement au « respect de la vie ».

Tout en étant conscient qu'il touche là à une réforme de société, VGE choisit de maintenir une approche purement juridique. Appliquant la ligne de conduite de son président, Simone Veil écarte délibérément l'argument de la libre disposition de son corps : elle réfléchit, consulte, travaille, remanie son projet. L'avocate Gisèle Halimi et son association Choisir lui apportent d'emblée leur soutien : « On a organisé de nombreuses réunions de travail, on s'est échangé des textes[33]. » Avec ses collaborateurs, une équipe soudée, elle organise des rendez-vous tous azimuts : gynécologues, souvent hostiles à la réforme, personnel du Planning familial, militants engagés ou autorités religieuses favorables à un statu quo.

Consciente que « la loi est ouvertement bafouée » la juriste qu'elle est s'emploie à concevoir un dispositif adapté aux besoins des femmes. Simone Veil souhaite mettre fin aux avortements illégaux et aux voyages à l'étranger de celles qui en ont les moyens financiers. La décision d'avorter ou non doit appartenir aux femmes, et à elles seules. Ni les experts, ni les médecins, ni les juges n'ont leur mot à dire. L'IVG est l'ultime recours pour les femmes plongées dans la détresse d'une grossesse non désirée, qui doivent pouvoir effectuer des choix en toute autonomie.

Simone Veil sait que ce terrain est miné. On aurait tort de ne pas prendre en compte le fait que la réforme de l'IVG heurte les convictions d'une bonne partie de l'électorat de droite, et suscite, par voie de conséquence, de vives réticences au sein de la majorité à l'Assemblée nationale. Le soutien de Giscard lui est acquis, Jacques Chirac, qui l'appelle affectueusement « Poussinette », l'épaule, tout en considérant que « c'est une affaire de bonnes femmes ». Il va falloir encore se battre.

« J'ai donc mené, très activement
je crois, la rénovation des équipements
hospitaliers et leur humanisation
dans ses deux aspects :
le renforcement et l'amélioration
de la situation des personnels qui
sont auprès des malades, la
suppression des salles communes […]
L'effort d'humanisation de nos
hôpitaux, bien engagé maintenant,
doit se poursuivre ; la pratique
hospitalière, plus encore dans
les années qui viennent, devra
tenir compte des besoins profonds
du malade, en particulier de
son souci de dignité. »

Le Monde du 14 février 1976.

« C'est sur le terrain de la détresse que je me suis placée ; comme sur celui de la dignité et de la responsabilité de la femme. Des arguments, me semblait-il, irrécusables. »

Simone Veil avec Annick Cojean,
Les Hommes aussi s'en souviennent. Une loi pour l'Histoire.

6 LA BATAILLE DE L'IVG

Mercredi 13 novembre 1974 au matin, Conseil des ministres. Simone Veil présente un projet de loi relatif à l'interruption de la grossesse. Personne autour de la table n'ignore qu'il va susciter de fortes critiques et risque de ne pas être adopté par l'Assemblée nationale.

De prime abord, le texte préparé par Simone Veil élude prudemment la discussion théorique de la nature de l'embryon. Après de nombreuses rencontres et une série de concertations, Simone Veil, épaulée par les deux juristes de son cabinet, Colette Même et Myriam Ezratty, aboutit à la conclusion que la décision finale doit revenir à la femme et à elle seule, et l'intervention doit être pratiquée par un médecin. Dans quel délai ? L'Ordre des médecins, les professeurs de médecine et les gynécologues penchaient pour dix semaines.

Le 26 novembre 1974, dans l'hémicycle, lors du vote de la loi sur l'IVG, avec Jacques Chirac, Premier ministre, qui lui apporte son soutien.

DES MINISTR

« Depuis longtemps et en ma double qualité de femme et de magistrat, j'estimais que la situation n'était plus tolérable. »

Lors du débat à l'Assemblée nationale, le 28 novembre 1974.

Le 20 novembre 1974, dans les couloirs de l'Assemblée nationale, Simone Veil est accompagnée de Dominique Le Vert, son directeur de cabinet, et de Jean-Paul Davin, son attaché parlementaire. À ses côtés, Anne Braun, secrétaire générale de l'UDR (Union des démocrates pour la République).

En bonne tacticienne, elle considère que c'est une question médicale, et que ça n'est pas de son ressort. Autant accepter leur demande pour obtenir en échange leur soutien. Une clause de conscience est prévue pour les personnels médicaux qui refuseraient de pratiquer l'IVG.

Maintenant, il faut fourbir les armes. En priorité, le discours. Elle est confiante, mais elle sait que ce sera difficile. Personne ne se doute de la violence des débats qui vont avoir lieu.

Ne braquer personne, rallier les indécis, la marge de manœuvre est étroite et la rédaction du discours est cruciale. Sa conseillère Colette Même se souvient que Simone Veil avait raconté quelques jours auparavant à ses collaborateurs : « Hier, en gardant ma petite-fille, j'ai griffonné quelque chose sur un bloc-notes, je vais vous lire ça. » « Et effectivement, Mme Veil nous a lu ce qui a été tout le début de son discours, bien mieux, c'est évident, que tout ce que nous avions pu rédiger[34]. » La dernière touche, elle la porte avec son fidèle directeur de cabinet, Dominique Le Vert. Chaque mot est pesé.

Mardi 26 novembre 1974, 16 heures. Simone Veil monte à la tribune de l'Assemblée nationale. Le président Edgar Faure lui donne la parole. En face d'elle, 480 hommes, et 9 femmes.

D'une voix bien posée, les mains à plat sur le pupitre, elle commence : « Si j'interviens aujourd'hui à cette tribune, ministre de la Santé, femme et non-parlementaire, pour proposer aux élus de la nation une profonde modification de la législation sur l'avortement, croyez bien que c'est avec un profond sentiment de modestie devant la difficulté du problème comme devant l'ampleur des résonances qu'il suscite… »

Devant le Palais-Bourbon, des membres de l'association Laissez-les vivre brandissent des pancartes sur lesquelles on peut lire : « Assassins ! Sauvons nos enfants », l'Église catholique oppose un refus catégorique : en aucun cas un avortement sera pratiqué dans les établissements qu'elle-même finance. Quelques jours avant l'ouverture des débats, le conseil de l'Ordre des médecins, par la voix de son président, le professeur Lortat-Jacob, fait encore monter la tension d'un cran en affirmant sa totale opposition à l'adoption de la nouvelle loi.

Difficile d'ignorer, pour la ministre, le degré d'hostilité que suscite ce texte. La presse relaie cette hostilité, le courrier qu'elle reçoit lui en apporte la preuve chaque jour : des dessins ignobles, des croix gammées, des insultes antisémites. « Plus nous nous rapprochions de l'échéance du débat, et plus les attaques se faisaient virulentes. Plusieurs fois, en sortant de chez moi, j'ai vu des croix gammées sur les murs de l'immeuble. À quelques reprises, des personnes m'ont injuriée en pleine rue[35]. »

Quand Simone Veil prend la parole dans l'hémicycle, son propre camp est divisé. Aucune consigne de vote n'est donnée sauf aux suppléants des ministres, que VGE souhaite solidaires. Jusqu'à la veille de ce débat parlementaire, plusieurs députés de sa propre majorité, hostiles à toute légalisation, la supplient « de renoncer à défendre le texte ».

« Je le dis avec toute ma conviction : l'avortement doit rester l'exception, l'ultime recours devant des situations sans issue [...]. Je voudrais tout d'abord vous faire partager une conviction de femme – je m'excuse de le faire devant cette Assemblée presque exclusivement composée d'hommes : aucune femme ne recourt de gaieté de cœur à l'avortement [...]. C'est toujours un drame et cela restera toujours un drame[36]. »

D'entrée de jeu, elle se refuse, dit-elle, d'entrer dans les « débats insolubles » sur la dimension philosophique ou religieuse de l'avortement. Délibérément, elle évite d'invoquer le droit des femmes à disposer de leur corps, pour rester sur le terrain juridique, en soulignant que la législation est en retard sur la réalité sociale et judiciaire des avortements clandestins. « Nous ne pouvons plus fermer les yeux sur les 300 000 avortements qui, chaque année, mutilent les femmes de ce pays, qui bafouent nos lois et qui humilient ou traumatisent celles qui y

Le 26 novembre 1974, Gisèle Halimi et Simone de Beauvoir assistent dans les tribunes de l'Assemblée nationale aux débats sur le vote de la loi portant sur l'IVG.

70me SEANCE
MARDI
26
NOVEMBRE

ont recours. » En juriste, forte de son expérience à la direction des Affaires civiles, elle propose aux députés « une loi applicable, dissuasive et protectrice ». Puis la ministre détaille les conditions dans lesquelles l'avortement pourra être pratiqué, la nécessaire consultation du corps médical et d'un organisme social, un délai maximum de dix semaines, l'intervention pratiquée uniquement par un médecin, en milieu hospitalier.

Sa conclusion est optimiste : « L'histoire nous montre que les grands débats qui ont divisé un moment les Français apparaissent avec le recul du temps comme une étape nécessaire à la formation d'un nouveau consensus social, qui s'inscrit dans la tradition de tolérance et de mesure de notre pays », assure-t-elle.

À l'époque, la télévision ne retransmet pas les débats parlementaires. Mais il se trouve qu'une grève éclate à l'ORTF. Des techniciens grévistes s'installent dans les tribunes et diffusent le débat en direct. Une première.

Un marathon commence : 64 orateurs sont inscrits, l'hémicycle est sous tension. Trois jours de débat non-stop ou presque. Elle va tout entendre, rongeant son frein, gardant ou affectant de garder son calme.

Préparée à affronter le débat, Simone Veil ne se doute pourtant pas de la violence des attaques : « Une grossièreté inimaginable. Un langage de soudards. Car il semble qu'en abordant ce type de sujets, et face à une femme, certains hommes usent spontanément d'un discours empreint de machisme et de vulgarité. » « Je n'imaginais pas la haine que j'allais susciter », confiera Simone à la journaliste Annick Cojean, ajoutant : « Il y avait tellement d'hypocrisie dans cet hémicycle rempli essentiellement d'hommes, dont certains cherchaient en sous-main des adresses pour faire avorter leur maîtresse ou quelqu'un de leurs proches[37]. »

Premier soutien et non des moindres, Hélène Missoffe, gaulliste, huit enfants : « Se fermer les yeux, faire comme si le problème n'existait pas, est à la fois lâche, bête et stupide. [...] Je dirai ma conviction que tous nous souhaitons voir diminuer le nombre des avortements. Mais le législateur a pour premier devoir de protéger tous les citoyens et en l'occurrence des femmes qui se trouvent dans une situation douloureuse. » Deux anciens ministres, Albin Chalandon et Michel Cointat, se déclarent favorables aussi. Puis, les interventions de députés de gauche, qui se disent pro-légalisation, à quelques nuances près, Jacques-Antoine Gau, député socialiste de l'Isère, réclamant « la liberté totale, sans autre restriction que celle que peut lui imposer sa conscience ».

Jean Foyer qui succède à la tribune au communiste Jacques Chambaz, est le premier adversaire du projet au sein de la majorité à s'exprimer. Il se pose en Créon face aux « deux Antigone » (Simone Veil et Hélène Missoffe) qui l'ont précédé. Son attaque est frontale : « Le temps n'est pas loin où nous connaîtrons en France ces "avortoirs" – ces abattoirs – où s'entassent des cadavres de petits hommes et que certains de mes collègues ont eu l'occasion de visiter à l'étranger. »

« Je savais que les attaques seraient vives, car le sujet heurtait des convictions philosophiques et religieuses sincères. Mais je n'imaginais pas la haine que j'allais susciter. »

Simone Veil avec Annick Cojean,
Les Hommes aussi s'en souviennent. Une loi pour l'Histoire.

DANS LA SARTHE
QUE FONT les MEDECINS
FACE A L'AVORTEMENT
RIEN
M.L.A.C et PLANNING FAMILIAL

Page précédente :
Courant 1972, le militantisme change d'échelle et prend une nouvelle forme pour accélérer la modification de la loi de 1920 interdisant l'avortement : à travers le pays, des groupes réunissant des femmes, des hommes, des étudiants en médecine ou des médecins s'organisent pour avorter eux-mêmes des femmes avec la méthode dite Karman.

Ci-dessus et ci-contre : Fondé en 1973 sur le modèle de l'association Choisir la cause des femmes, créée en 1971, le Mouvement pour la Liberté de l'Avortement et de la Contraception (MLAC) regroupe de nombreux membres d'organisations favorables à la libéralisation de l'avortement et de la contraception, dont le Planning familial et le Mouvement de libération des femmes (MLF).
Dans les années 1970, le MLAC réclame un avortement libre et gratuit. Le dessin ci-contre, anonyme, est reproduit dans *Le Torchon brûle*, publication féministe éphémère, en mai 1971.

Octobre 1973. Rassemblement à Versailles de l'association Laissez-les vivre, qui mène campagne contre la légalisation de l'avortement. Au moment du vote de la loi, elle inonde les parlementaires de pétitions et de documents stigmatisant « l'assassinat collectif » que serait l'avortement légal.

Des propos qui entraînent des « protestations » à gauche, mais des « applaudissements sur de nombreux bancs », à droite, centre compris.

Dernier orateur de la journée, le gaulliste Lucien Neuwirth, à qui les Françaises doivent la légalisation de la pilule : « Dans dix ans, nous nous étonnerons des outrances et des violences de ce débat. Elles n'auront été, et cela apparaîtra mieux alors, que des vagues mourant sur la grève d'un passé dépassé. »

27 novembre 1974. La deuxième séance publique commence par l'intervention de Michel Debré, farouchement hostile au nom de la démographie : « La dénatalité est favorisée quand une société doute de l'avenir, quand des menaces ou des troubles la paralysent, enfin, quand des valeurs fondamentales sont abandonnées par ceux qui ont en charge de les faire respecter. » La suite est brutale. Faisant référence aux théologiens médiévaux, pour qui l'âme venait à un fœtus de petit garçon de 40 jours, 80 jours pour un fœtus de petite fille, Debré conclut : « Excepté cette distinction, c'est le Moyen Âge qui revient. »

Jean-Pierre Cot, 37 ans, député socialiste, agrégé de droit, prend la défense de Simone Veil : « Madame le ministre, votre courage et votre détermination font l'admiration de vos amis comme de vos adversaires. Le fait qu'une femme soit venue ici porter l'espoir des centaines de milliers de femmes qui se soumettent chaque année à la mutilation et nous demander de faire cesser le drame de centaines d'entre elles qui, en France, meurent chaque année victimes des avortements clandestins, est en soi quelque chose d'important. Que vous soyez venue témoigner et que vous ayez mis votre volonté au service de cette entreprise est un gage de sa réussite. »

Mais les socialistes menacent de ne pas voter le texte, en raison de deux désaccords. L'amendement qui permet aux établissements hospitaliers privés (lisez catholiques) d'échapper à l'obligation de pratiquer l'avortement les choque ; le non-remboursement de l'IVG par la Sécurité sociale leur semble inacceptable.

« Je me suis dit que le débat était plus dur que si l'instigateur de la loi avait été un homme. Mais un homme n'aurait peut-être pas fait passer la loi. »

David Teboul, *Simone Veil. L'Aube à Birkenau.*

Ci-contre et ci-dessus : Une partie de l'opinion publique est divisée, le débat est violent, les manifestations nombreuses. Les militants de Laissez-les vivre, rejoints par des mouvements d'extrême droite, organisent une vaste campagne contre la libéralisation de l'avortement (affiche de 1979).

Simone Veil, qui avait rencontré discrètement un représentant de la hiérarchie catholique par l'intermédiaire du ministre Joseph Fontanet, avait compris la très grande sensibilité de la question de la liberté de conscience. Pour s'assurer du vote de la gauche, Simone Veil demande à rencontrer Gaston Defferre, alors président du groupe socialiste. On n'a pas l'habitude à l'Assemblée nationale de ce type de dialogue. En toute franchise, Simone Veil révèle à son interlocuteur qu'elle n'a accordé qu'une seule concession à l'Église : la loi prévoira que si un directeur d'un hôpital public n'a pas à imposer la clause de conscience à l'ensemble de son service, la direction d'un hôpital privé peut prendre l'initiative d'interdire l'IVG. Par ailleurs, une période probatoire de cinq années est prévue.

Les débats n'en finissent pas. Le niveau des attaques est des plus bas : à minuit, René Feit, élu du Jura et gynécologue de profession, sort un magnétophone pour faire entendre les battements de cœur d'un fœtus. Son collègue de l'Ardèche, Albert Liogier, est persuadé qu'on ouvre la porte à Satan. Pierre Bas, député de Paris, est convaincu que la prophétie d'Aldous Huxley, « l'euthanasie de bon plaisir », va devenir réalité, et Jacques Médecin, député des Alpes-Maritimes, voit poindre « la barbarie organisée et couverte par la loi comme elle le fut par les nazis ».

Le pire sera exprimé par Jean-Marie Daillet, député de la Manche : « On est allé [...] jusqu'à déclarer [...] qu'un embryon était un agresseur. Eh bien ! Ces agresseurs, vous accepterez, Madame, de les voir, comme cela se passe ailleurs, jetés au four crématoire ou remplir des poubelles ! »

Quand bien même n'aurait-il pas su que Simone Veil avait été déportée, de tels propos sont inqualifiables. À aucun moment, Simone Veil ne manifeste un signe d'accablement ou de découragement. Sur une photo prise pendant les débats, on voit la ministre de la Santé sur un banc de l'Assemblée, la tête dans les mains. En 1995, à l'occasion des 20 ans de la loi, interviewée par Daniel Bilalian au journal de France 2, Simone Veil démentira catégoriquement : « C'est une image que l'on donne volontiers. Plein de photos ont été prises, mais c'est celle-ci qu'on choisit, celle de la femme faible. Mais je ne pleure pas[38]. »

« Tout n'a-t-il pas été dit ? », se demande Simone Veil qui répond à ses détracteurs. Et de conclure : « Il n'y a plus d'échappatoire. Le Parlement doit choisir et prendre ses responsabilités vis-à-vis du pays. » Il les prendra.

Au cœur de la nuit du 29 novembre 1974, à 3 h 30, la loi est votée en première lecture par 284 voix pour, 189 contre, une majorité plus large que prévu. Les deux tiers de la majorité présidentielle votent contre, la quasi-totalité de la gauche pour.

« Au petit matin, j'ai traversé l'Assemblée, épuisée mais contente d'avoir emporté le vote. Dehors des militants de

« Les lois sur la contraception et l'IVG ne sont certes pas parfaites, mais elles permettent aux femmes d'avoir les enfants qu'elles souhaitent, au moment qui leur paraît opportun et d'en décider elles-mêmes. »

États généraux du handicap, le 23 mars 2005,
publié dans Simone Veil, *Mes combats*.

Laissez-les vivre, agenouillés, égrenaient des chapelets. Mais chez moi, une énorme gerbe de fleurs envoyée par Chirac m'attendait[39]. »

À son tour, le Sénat, réputé conservateur par nature, vote la loi le 14 décembre, non sans l'avoir amendée ; la loi sur l'interruption volontaire de grossesse est définitivement adoptée par le Parlement le 20 décembre. Néanmoins, le 21 décembre, aux journalistes qui l'interrogent, Simone Veil répond que « la loi est un progrès, l'avortement n'est jamais une victoire ».

Par leur âpreté, les débats auront marqué profondément l'opinion publique. Les Français découvrent Simone Veil, admirent son honnêteté intellectuelle, sa détermination et son courage. Comme elle le remarque non sans malice, les hommes qu'elle croise lui font part de l'admiration de leurs épouses : « Le sens du propos ne m'échappait pas : ma femme vous admire, pas moi. En réalité, les hommes ne se sont jamais intéressés à cette loi[40]. »

Cette loi, qu'elle a défendue bec et ongles, face à des parlementaires réactionnaires, est un progrès social, les femmes le comprennent, certains hommes aussi. Son idylle avec les Français vient aussi de sa manière « de parler en même temps le langage de la raison et du cœur, c'est-à-dire le langage des gens. Peu importe alors son côté grand bourgeois, son maintien bon chic, bon genre ; dans les catégories les plus modestes du pays, on a pu s'identifier à elle, contre les hommes politiques de la majorité, à la limite contre les institutions », avance le politologue Roland Cayrol[41].

La presse prend fait et cause pour la loi portée par cette personnalité qu'elle découvre et met à l'honneur. Du jour au lendemain, Simone Veil acquiert une immense popularité, plus jamais démentie. Elle entre alors dans l'histoire.

« Et puis, il y a eu l'antisémitisme. Au cours du débat sur la légalisation de l'avortement, au moment du vote de la loi et dans les années qui ont suivi, j'ai reçu un certain type de courrier. On ne peut pas dire qu'il soit agréable d'ouvrir certaines lettres, d'être insultée ou de tomber sur des dessins abominables. »

David Teboul, *Simone Veil. L'Aube à Birkenau.*

La ministre de la Santé, rescapée des camps de la mort, reçoit chez elle des menaces et des insultes ignominieuses souvent à caractère antisémite. Des croix gammées surgissent sur les murs, jusque dans le hall de son immeuble. Des femmes égrènent des chapelets devant l'Assemblée nationale pendant le vote de la loi. (Ici, tag de 1977).

« De longue date la question des abus sexuels contre les enfants me préoccupe tout particulièrement. Pendant très longtemps, notre société s'est refusée à aborder ce problème, à en parler et donc à le combattre… »

Journée d'études sur la prévention des abus sexuels, le 18 mars 1994.

7 PETITE ENFANCE

26 avril 1975. Simone Veil, vêtue de la blouse et du bonnet bleu des infirmières puéricultrices, inaugure l'hôpital d'enfants de Dijon. Les caméras la suivent, accompagnée du député-maire Robert Poujade, saluant le personnel hospitalier, se baissant à hauteur d'enfants pour leur parler, découvrant les couveuses pour les prématurés.

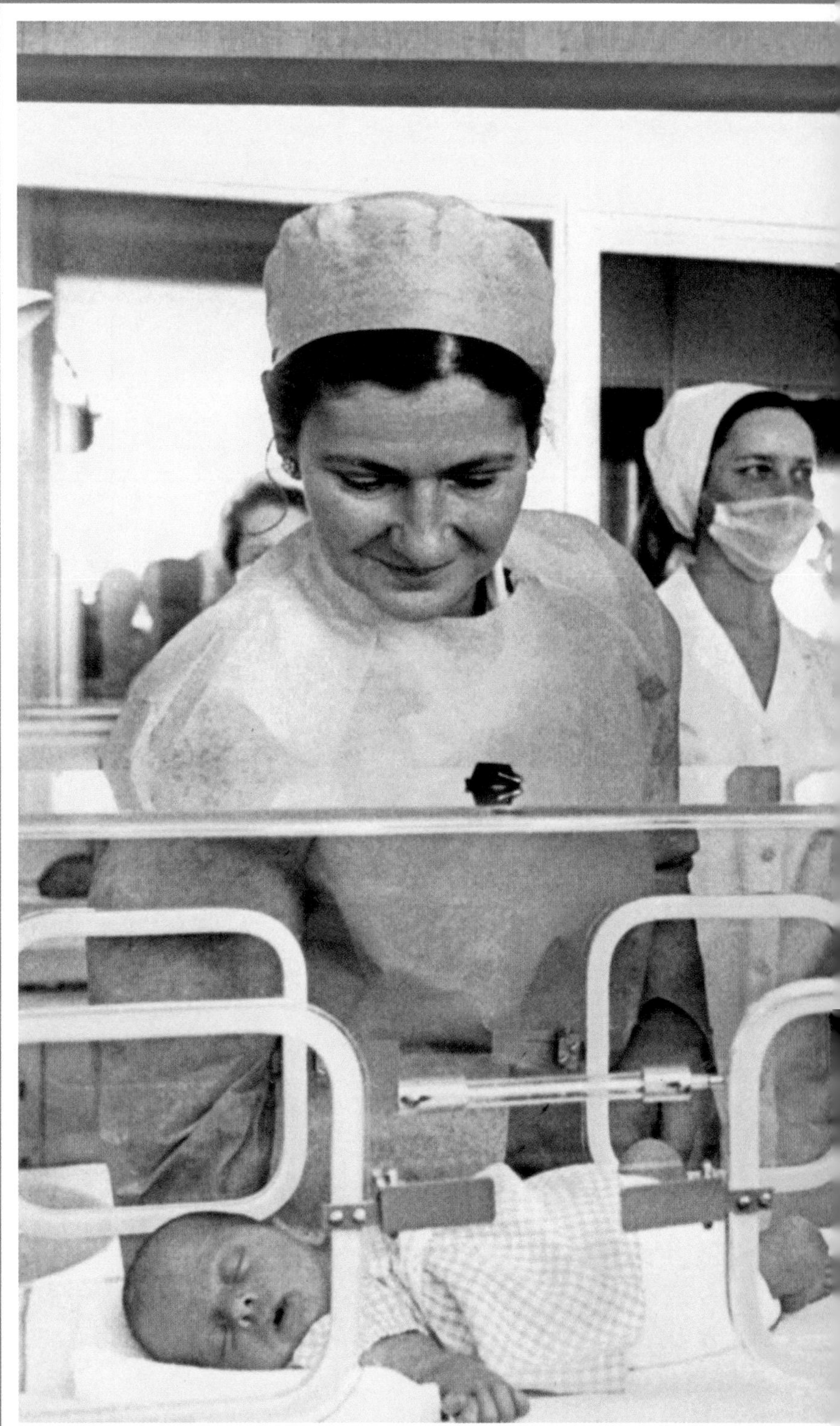

Le 26 avril 1975, à Dijon, Simone Veil, alors ministre de la Santé, inaugure 'hôpital pour enfants au sein du centre hospitalier régional (CHR). Simone Veil passe un long moment dans établissement, vêtue de la blouse et du bonnet bleus des infirmières puéricultrices.

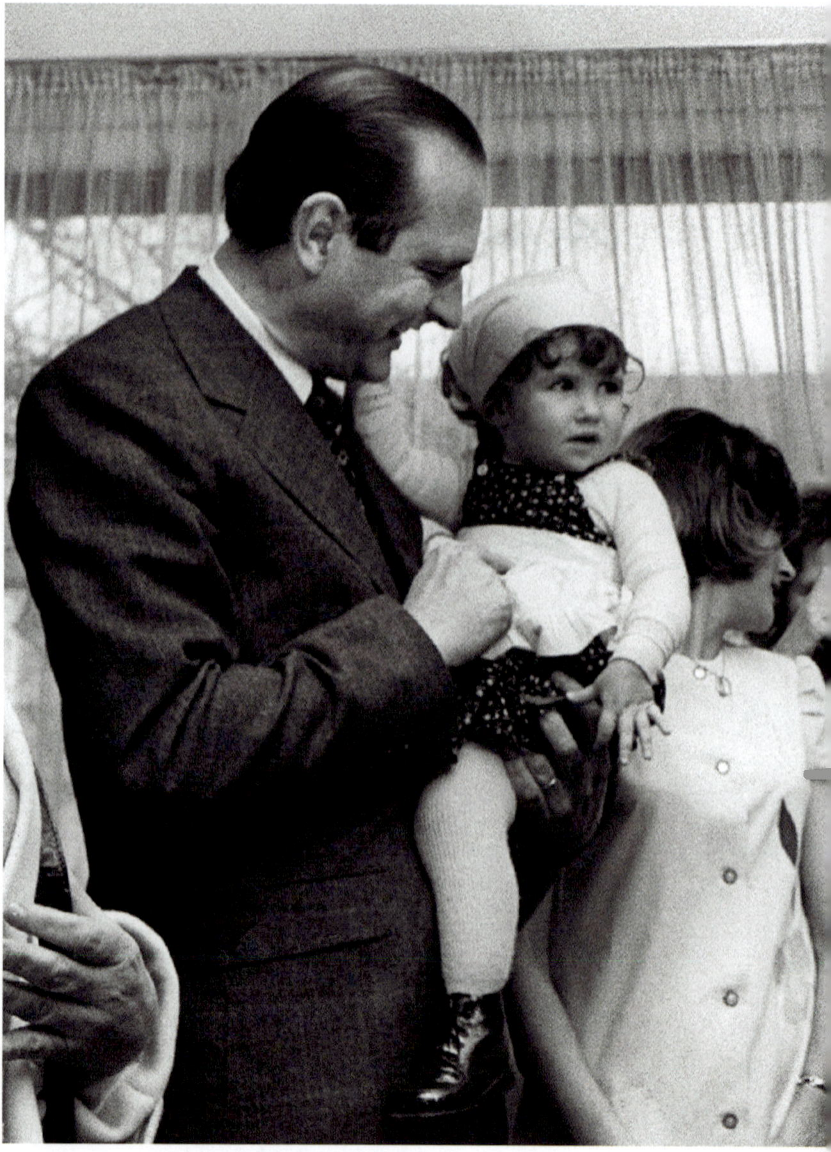

Le 12 mars 1975, Simone Veil
accompagne Jacques Chirac, Premier
ministre, lors de l'inauguration d'une
crèche municipale à Hyères (Var).

À l'issue de cette visite « assez émouvante » d'après le journaliste de FR3 sur place, Simone Veil prononce un discours dans lequel elle dévoile sa pensée : « L'hôpital doit être un lieu de vie et non pas un triste enclos où on cachait la misère humaine comme si l'on niait son existence[42]. »

Toujours prompte à réagir face à la souffrance, Simone Veil va continuer sa lutte en faveur des enfants abandonnés ou délaissés. Découvrant la maltraitance institutionnelle, la ministre en fera l'un de ses chevaux de bataille. En 1978, il lui suffit de visionner un film de quarante-cinq minutes, *Enfants en pouponnière demandent assistance*, tourné à l'hôpital Saint-Vincent-de-Paul à Paris, pour prendre le mors aux dents. Réalisé par la psychologue Danielle Rapoport et la kinésithérapeute Janine Lévy, ce documentaire est destiné à sonner l'alarme sur les conditions indignes dans lesquelles sont accueillis les enfants de leur naissance à trois ans, confiés à l'Assistance publique, la plupart du temps sur ordonnance judiciaire de placement. Ceux que l'on appelle les « R. T. », les « recueillis temporaires », sont retirés de façon provisoire à la garde de leurs parents et placés à Saint-Vincent-de-Paul. De leurs lits à barreaux, les tout-petits ne sortent que le temps d'être lavés et changés, sans une parole ni un geste autre que le strict nécessaire. Ils ne jouent pas, personne ne leur parle. Privés de tout contact, ils accumulent des retards profonds, s'automutilent, se balancent en permanence. Les numéros inscrits sur les lits, sans prénom, scandalisent la ministre : « Je ferme ces pouponnières », s'exclame, indignée, Simone Veil. La psychologue se souvient avoir répondu : « Si vous faites ça, on va retrouver les enfants sur les parvis des églises. Il ne faut pas fermer ces "dépôts", il faut les transformer[43]. »

Prenant fait et cause pour ces deux professionnelles de la petite enfance qui s'élèvent contre la maltraitance des enfants déjà malmenés par la vie, Simone Veil demande à ses services d'agir et lance « l'opération Pouponnières ».

Pages 114 à 117 : Discours de Simone Veil sur l'importance de l'accueil des tout-petits dans les crèches pour leur épanouissement et celui de leurs mères, le 12 mars 1975.

Fidèle à la méthode qu'elle a éprouvée à plusieurs reprises, elle confronte les points de vue et veut faire aboutir, de façon pragmatique et rapide, les solutions réalistes esquissées collectivement, avec toujours cette volonté de trouver une solution complète et pérenne au problème rencontré. Médecins, psychologues, puéricultrices, directrices de crèches, kinésithérapeutes vont se rencontrer pendant plus de vingt ans pour que les pouponnières et les crèches cessent d'être de simples lieux de garde et deviennent de véritables lieux d'accueil des tout-petits.

Selon Danielle Rapoport, « c'est Simone Veil qui a imposé dans les crèches et les pouponnières qu'il y ait au moins une personne pour s'occuper de sept enfants, et une pour cinq enfants qui ne marchent pas encore. C'est encore elle qui a décidé de moyens dédiés à la formation du personnel ». Et d'ajouter : « Simone Veil a interdit le chronométrage de la toilette des bébés pour les auxiliaires de puériculture, qui étaient notées sur ce critère. Ce combat est toujours d'actualité : aujourd'hui, c'est le temps de toilette des personnes âgées qu'on chronomètre dans les EHPAD (établissements d'hébergement pour personnes âgées dépendantes)[44]. »

Les parents d'aujourd'hui ignorent qu'ils doivent à Simone Veil une sorte de révolution dans l'accueil de leur progéniture. Ils peuvent désormais dormir à l'hôpital dans la chambre de leur enfant autorisé à garder ses propres vêtements, les horaires de visite sont assouplis, l'école vient à l'hôpital, etc. Autre volet de l'action de Simone Veil à destination des femmes et des enfants, tout aussi méconnu, la professionnalisation de l'aide à l'enfance et la prise en considération du rôle des nourrices. Jusqu'en 1977, on parlait de « nourrices » pour les enfants de moins de 3 ans et de « gardiennes d'enfants » pour ceux de plus de 3 ans. Souvent payées « au noir », elles sont, dans la majorité des cas, sans protection sociale et les contrôles sont peu efficaces.

HYERES

12/3/75

Inauguration de la crèche d'HYERES
le 12 mars 1975

Monsieur le Premier Ministre,
Monsieur le Député-Maire,
Mesdames et Messieurs,

M. Jacques CHIRAC et moi-même venons, à la demande de M. Mario BENARD, député-maire d'HYERES, d'inaugurer en votre compagnie à toutes et à tous cette crèche dont la ville et ses élus peuvent légitimement s'énorgueillir.

Il m'est agréable de féliciter tous ceux qui, sur les plans financier, architectural ou technique ont contribué à cette réalisation qui est en même temps une réussite.

./.

Le Maire et le Conseil Municipal d'HYERES ont ainsi pris en considération ce qui est devenu l'un des objectifs sociaux du Ministère de la Santé, je veux parler de la volonté de donner aux femmes le libre choix entre la possibilité de demeurer à leur foyer ou d'exercer une profession, même si elles sont mères de très jeunes enfants. Certes, cet objectif est loin encore d'être atteint sur le plan national mais un effort financier sans précédent est accompli dans ce sens.

C'est ainsi qu'en 1974, plus de 50 millions de francs de subventions ont été accordés par l'Etat aux municipalités ou aux associations gestionnaires de crèches. Cet effort sera autant que possible poursuivi en 1975 et au cours des années à venir et s'intègre à la politique de la famille que le Gouvernement veut promouvoir.

./.

Les crèches, qu'elles soient collectives, comme celle-ci, ou familiales, accueillent, vous le savez, les enfants de moins de trois ans n'ayant pas encore atteint un certain stade d'autonomie sur les plans psychologique, de la propreté, de la nourriture, des rythmes de sommeil, de la socialisation. Il n'y a donc pas double emploi entre les crèches et les premières classes des écoles maternelles. Au contraire, la crèche, en raison des garanties très solides qu'elle présente sur le plan sanitaire et affectif grâce à un personnel de haute qualité, paraît bien être l'établissement idéal pour accueillir et préparer à l'école maternelle les enfants de 2 à 3 ans qui supportent mal encore la vie en collectivité.

Qu'il s'agisse donc de l'épanouissement des tout-petits ou de celui de leur mère, la crèche remplit ainsi un rôle humain et social de première importance.

./.

Très consciente de l'augmentation rapide du travail féminin, qui appelle un système solide de garde des enfants pour les familles, Simone Veil prépare, début 1976, un projet de loi dont l'objectif est d'améliorer l'accueil à domicile, dans l'intérêt des familles, des enfants et des nourrices. Tout en annonçant un doublement du nombre de crèches, elle décide de créer un statut professionnel et donc un nouveau métier pour ces femmes, dorénavant dénommées « assistantes maternelles ». Pour obtenir leur agrément et bénéficier d'une couverture sociale « normale » de salariées (salaire minimum, congés payés, assurance chômage, régime fiscal), les assistantes maternelles doivent, outre un examen médical, s'engager à « concourir à l'éveil intellectuel et affectif et à l'éducation de l'enfant ». Désormais, elles vont bénéficier de formations pour être soutenues dans leurs tâches éducatives.

Attentive à la place de l'enfant dans la famille, Simone Veil s'est souciée aussi de la situation des familles monoparentales, en instaurant une allocation de parent isolé. Dans un souci de justice et d'équité, elle simplifie les allocations familiales en créant le complément familial, placé sous conditions de ressources, qui bénéficie aux familles ayant au moins 3 enfants et à celles ayant un enfant de moins de 3 ans. Versé aussi bien aux mères restant au foyer qu'à celles qui exercent une activité professionnelle, le complément familial illustre la volonté de neutralité que Simone Veil promeut : « Il ne nous a pas paru souhaitable de faire une distinction entre les familles selon que la mère travaille ou non », dit-elle le 22 avril 1976 en présentant les mesures devant le Sénat.

Pendant les cinq années où Simone Veil est ministre, humaniser est son mot d'ordre. Prendre soin des enfants comme des adultes. Sa ligne d'action à l'hôpital : supprimer les salles communes, où parfois cohabitent jusqu'à soixante malades, à l'horizon 1980, assurer la nécessaire présence d'un personnel soignant compétent, efficace et en nombre suffisant, donc recruter des infirmières et des aides-soignantes. Les hôpitaux, comme les prisons qu'elle a visitées au temps de ses fonctions au sein de l'administration pénitentiaire, accueillent les malades dans des conditions indignes. La qualité des soins est essentielle. Elle le dit clairement dans une interview au docteur Escoffier-Lambiotte, responsable de la rubrique santé au journal *Le Monde* : « Je me sens d'abord le ministre des malades[45]. » En effet, Simone Veil aborde le problème des hôpitaux à partir de la façon dont les gens le vivent ou le perçoivent, et non en se limitant à une approche administrative.

Son bilan au ministère de la Santé est bien plus vaste que la loi dite Veil. On retiendra la généralisation de la Sécurité sociale, la lutte contre le tabagisme, la réglementation du marché du médicament, la loi d'orientation en faveur des personnes handicapées à l'initiative du secrétaire d'État René Lenoir, etc.

Sous son égide, le ministère chargé de la santé innove en lançant des campagnes de prévention, notamment en ce qui concerne le tabagisme et l'alcoolisme. Sa conseillère technique chargée de la communication au ministère, Françoise Buhl, note qu'il ne suffit pas à la ministre de légiférer, il faut en même temps « accompagner ces textes d'une information auprès du public. Ce qui était assez nouveau là aussi, parce qu'on légiférait et puis on appliquait[46] ». Sa chance, avoir été en mesure de suivre l'application des décisions qu'elle avait prises parce qu'elle est restée 5 ans au même poste, ce qui est rare. Le pouvoir, c'est l'action.

« Il ne faut pas culpabiliser les professions de santé, ni les pouvoirs publics, parce que les dépenses de santé augmentent. Il s'agit là non seulement d'un phénomène normal, mais d'un facteur de progrès. Nous devons simplement savoir ce qu'il en coûte et aussi savoir que ce progrès ne peut se poursuivre que si nous rendons les dépenses plus efficaces en opérant des choix nous permettant de maîtriser les coûts. »

Synthèse et documents, le 21 octobre 1976,
publié dans Simone Veil, *Mes combats*.

8 LA CAUSE DES INFIRMIÈRES

1er février 2002. Inauguration de l'hôpital Simone Veil d'Eaubonne et de Montmorency : « C'est la première fois que je donne mon nom à un bâtiment, explique Simone Veil. J'avais déjà refusé pour une rue car je ne voulais pas le faire de mon vivant, c'est un peu donner l'impression que l'on est déjà mort ! Mais j'ai finalement accepté pour faire plaisir aux aides-soignantes et aux infirmières que j'avais rencontrées lors d'un congrès d'infirmières à Paris. C'est bien sûr en relation avec l'activité qui a été la mienne, au ministère de la Santé[47]. »

En effet, dès son arrivée avenue de Ségur en mai 1974, Simone Veil, à l'écoute du milieu médical, prend la mesure du vent de colère qui traverse le monde des infirmières et des aides-soignantes : fonction dévalorisée et mal définie, insuffisance du recrutement, travail épuisant, cette situation difficile attire souvent l'attention des médias quand les infirmières réclament une revalorisation de leur fonction. En mai 1974, le mouvement de grève des élèves infirmières et infirmiers de l'Assistance publique avait fait beaucoup de bruit.

Six mois plus tard, le 16 octobre 1974, c'est au tour d'un député, Claude Weber (groupe des Républicains indépendants, Meurthe-et-Moselle), d'interpeller la ministre de la Santé sur la dégradation de la situation dans les établissements de soins. En effet, reconnaît-elle, la pénurie actuelle d'infirmières est « mondiale » et elle annonce des mesures destinées à améliorer la situation matérielle et morale des infirmières.

Fort judicieusement, Simone Veil choisit de présenter sa politique lors du congrès de l'Association nationale française des infirmières et infirmiers diplômés d'État le 26 octobre 1974, au Touquet. Tout d'abord, la ministre se dit consciente qu'il est temps de réformer : « Parce que la technique médicale

Lors de la visite d'une
école d'infirmières,
Simone Veil reçoit
un bouquet de fleurs
(sans date).

et le monde des hôpitaux ont évolué, elle [l'infirmière] est désormais associée à toute la thérapeutique, y compris la plus complexe et la plus spécialisée [...] Il est certain que dans le même temps, les textes définissant le rôle de l'infirmière n'ont pas suivi [...]. Et ceci est si frappant que certaines infirmières, se sentant méconnues, voudraient que l'on aille jusqu'à changer le nom d'infirmière pour le remplacer par une dénomination rappelant la technicité obligatoire de la profession. Elles proposent par exemple les termes de "technicienne de soins". Pour ma part, je regretterais qu'il soit donné suite à cette suggestion, car l'infirmière n'est pas seulement une technicienne,

Le cortège du personnel soignant lors d'une manifestation de fonctionnaires à Paris, le 28 novembre 1974.

Sages-femmes

12/7/74

Ve Assises Nationales des Sages-Femmes

Séance d'ouverture du 12 Septembre 1974 à 11 H 30
Nouvelle Faculté de Médecine
45, rue des Saints-Pères

Monsieur le Président,
Mesdames,
Mesdemoiselles,

J'ai tenu personnellement à venir assister, ne serait-ce qu'un court moment, à la séance d'ouverture de vos Ve Assises Nationales pour vous dire toute l'attention que je porte à votre profession et à son évolution.

Les qualités particulières qu'elle requiert, les sujétions qu'elle comporte, je les avais déjà pressenties mais depuis mon arrivée au Ministère de la Santé, j'ai pu apprécier la place que vous occupez dans les structures sanitaires de notre Pays.

9 195 professionnelles en 1973, plus de 2 500 sages-femmes dans les hôpitaux publics, près de 500 diplomes délivrés chaque année, ces chiffres traduisent la vitalité d'une profession fort ancienne et sa capacité d'adaptation à l'évolution des idées, des techniques et des moyens.

En effet, tandis que la disparition progressive de l'accouchement à domicile modifiait votre activité traditionnelle, la surveillance de la femme enceinte et du

.../...

Un autre problème me préoccupe également, l'ajustement de la formation aux besoins, d'application difficile compte tenu de la variété de vos modes d'exercice. Mon Service d'Etudes et de Prévisions a lancé une grande enquête sur ce sujet, qui nous permettra par une meilleure approche de sa structure socio-démographique de votre profession, de définir ensemble une politique de formation.

Les questions touchant à l'exercice de votre profession n'ont pas été oubliées. En exercice libéral, les droits de prescription de différents actes, d'utilisatio de produits médicamenteux ont été précisés en 1971 et 1972. Je souhaite que ces mesures soient l'objet de révisions périodiques et qu'il ne faille plus attendre 20 années pour les ajuster au développement des connaissances.

La situation de la sage-femme en milieu hospitalier public ou privé reste encore à préciser sur bien des points pour pouvoir donner aux professionnelles la situation morale et matérielle à laquelle leur compétence leur ouvre droit.

Des transformations profondes ont bouleversé votre activité professionnelle traditionnelle et nombreuses sont celles d'entre vous qui en ont ressenti de l'inquiétude. Mais, ces mutations ne remettent pas en cause l'intérêt de l'intervention des spécialistes que vous êtes auxquelles déjà de nouveaux champs d'action sont ouverts avec la création des centres de planification et d'éducation familial l'application de la politique de périnatalité et de prévention des accidents de la naissance.

Je voudrais que vous ressentiez ce premier contact officiel, la présence à cette table de deux Ministres, comme une manifestation de l'intérêt que le Gouvernement et le Ministère de la Santé portent à la profession de sage-femme et à son devenir.

.../...

L'ÉVOLUTION DE NOTRE SOCIÉTÉ A BOULEVERSÉ À LA FOIS LES STRUCTURES TRADITIONNELLES ET LES MODES DE VIE ET DE PENSÉE.

LES ATTITUDES CHANGENT VIS À VIS DE PROBLÈMES TELS QUE LA LIMITATION DES NAISSANCES OU L'AVORTEMENT ; IL N'EN DEMEURE PAS MOINS QUE LA PROTECTION DE LA MATERNITÉ, L'AMÉLIORATION DES CONDITIONS DE LA NAISSANCE, LA PROMOTION DE LA FAMILLE SONT, PLUS QUE JAMAIS - PRÉCISÉMENT PARCE QUE CES ATTITUDES CHANGENT - L'UNE DES PRIORITÉS DU GOUVERNEMENT PARCE QU'IL S'AGIT, À TRAVERS LES ENFANTS, DE L'AVENIR DE NOTRE PAYS. TELLE EST LA CONVICTION QUE LE MINISTRE DE LA SANTÉ SOUHAITE VOUS FAIRE PARTAGER AUJOURD'HUI.

elle est aussi l'élément humain de l'hôpital, celle qui a, et qui seule peut avoir, le contact constant avec le malade, celle qui est présente à tout moment, celle dont la présence sécurise et conforte. Votre présidente l'a, je crois, fort bien rappelé à l'ouverture de votre congrès : l'infirmière ne soigne pas une maladie, mais un malade[48]. »

Quelques chiffres expliquent l'urgence de ce dossier : « Au début du VIe Plan (1971-1975), on estimait qu'il manquait environ 50 000 infirmières en France. » Et, autre point, « la durée moyenne de la carrière d'une infirmière (les hommes ne représentent que 5 % de cette catégorie de personnel) n'excède pas, scolarité comprise, 5 ans et demi ».

Pages 124 à 127 : Discours de Simone Veil pour la séance d'ouverture des Ve Assises nationales des sages-femmes à Paris, le 12 septembre 1974.

Pour remédier à cet abandon en masse, Simone Veil part de l'idée que les aides-soignantes, qui assument les tâches les plus ingrates d'un service hospitalier, démissionneraient moins si on leur offrait de devenir infirmières. Pour y parvenir, il faut développer la promotion professionnelle des aides-soignantes et la formation continue du personnel hospitalier. Idée séduisante qui se heurte à un vent de fronde des enseignantes et des monitrices, craignant que la création d'un concours interne ouvrant aux aides-soignantes l'accès aux écoles d'infirmières au même titre que les bacheliers et les bachelières n'aboutisse à la constitution de deux corps infirmiers, l'un de haut niveau, l'autre de compétence limitée. Quatre mois plus tard, Simone Veil est venue à bout d'une opposition qu'elle n'a pas hésité à qualifier de « sectaire ». *L'Aurore*, daté des 8-9 février 1975, signale à ses lecteurs : « Le gros succès de Mme Veil est d'être parvenue à faire admettre une passerelle entre les aides-soignantes et les infirmières d'État. Les crédits ont été portés de 20 à 50 millions pour la construction des écoles d'infirmières. »

Ci-contre : Lors de l'inauguration de l'hôpital à Dijon, le 26 avril 1975, Simone Veil discute avec des enfants hospitalisés. Grâce à elle, les parents pourront leur rendre visite quand ils le souhaitent et dormir dans leur chambre.

Autre annonce à la suite de la demande du syndicat, les infirmières sont désormais représentées au sein du ministère de la Santé. La première, Melle Michez, est nommée dès juillet 1974.

La pénurie d'infirmières

Madame Veil examinera avec attention les propositions de l'ANFIIDE

Au 40e Congrès de l'ANFIIDE (1), Mademoiselle Florin, ancienne présidente de l'Association a présenté, en présence de Madame Veil, ministre de la Santé, un rapport sur la pénurie d'infirmières et le ministre a annoncé les mesures en préparation pour y remédier. Certaines ont reçu un accueil favorable des congressistes, d'autres un accueil plus mitigé.

Il y a assez de candidats à l'admission dans les écoles d'infirmières, affirme Mlle Florin et le véritable problème se situe au niveau de leur qualité. La politique d'abaissement du niveau d'entrée "relève de la démagogie autant que d'un souhait véritable de pallier la pénurie d'infirmières". Nier pour l'infirmière la nécessité d'avoir une culture de base signifie la méconnaissance des exigences de la profession et la volonté déterminée d'en faire une profession subalterne.

La profession d'infirmière n'est pas honorée à sa juste valeur, celle qui touche à la vie. "Pourquoi y aurait-il toujours un écart de 1 à 10 ou 15 entre la rémunération de l'infirmière et celle du médecin? Il est grand temps de revaloriser les salaires non seulement en début de carrière mais tout au long de celle-ci. En dix, quinze ans maximum, l'infirmière devrait voir son salaire doubler. Il faut pour y parvenir créer un statut spécifique hospitalier.

Un médecin a-t-il été quelquefois effleuré par l'idée qu'il pouvait être à l'origine du départ des infirmières de son service, se demande Mlle Florin? Elle réclame que tout soit mis en œuvre pour que les deux professions collaborent : participation accrue des médecins à l'enseignement infirmier et surtout à la réflexion sur les soins, participation des infirmières à la commission médicale consultative, etc...

Au Congrès de l'ANFIIDE

A la tribune on reconnaît :

1. Mme Veil, ministre de la Santé

2. Mme Allaire, présidente de l'Association

3. Mlle Florin, ancienne présidente de l'ANFIIDE

Les possibilités de formation sont, par ailleurs, encore insuffisantes. La Fédération Hospitalière de France soutient qu'il serait possible de former 24.000 infirmières par an. Avec quel encadrement, demande Mlle Florin puisqu'il manque 10 000 infirmières, autant d'aides-soignantes et 1 000 monitrices dans les hôpitaux publics? Il y a quand même un niveau d'exigences en-dessous duquel il n'est pas possible de descendre!

La durée de vie professionnelle d'une infirmière est de l'ordre de 5 ans, disent les uns, de dix à douze ans, selon Evelyne Sullerot. Pourquoi? Profession féminine répond Mlle Florin, mais aussi profession entièrement dépendante de la profession médicale. L'ANFIIDE demande que la définition de l'infirmière exposée dans le code de la Santé Publique soit révisée car elle n'est plus adaptée aux fonctions réelles de l'infirmière. Après la charte du malade, pourquoi ne pas promulguer une charte de l'infirmière?

Il est urgent d'instaurer une véritable politique du person[nel,] d'assurer la participation des infirmières dans les divers or[ga]nes de gestion des hôpitaux et même de créer à l'image [de] la commission médicale consultative une commission p[ara]médicale. Mais, il ne suffit pas d'intégrer les infirmières d[ans] les structures locales et une fois de plus l'ANFIIDE réclam[e la] création d'un bureau d'infirmières au niveau national et [des] postes d'infirmières conseillères au niveau des services ré[gio]naux et départementaux de l'action sanitaire et sociale.

L'ANFIIDE lance un cri d'alarme et fait des propositions a[vant] que la situation ne devienne irrémédiable. Que répon[dra le] ministre de la santé?

(1) Association Nationale Française des Infirmiers et Infirm[ières] Diplômés d'Etat, 24, avenue de la République, 75011 PARIS.

Ci-contre :
La revue de l'Association nationale française des infirmiers et infirmières diplômés d'État donne un large écho aux mesures annoncées par Simone Veil lors de leur congrès du Touquet, le 26 octobre 1974.

Ci-contre et ci-dessous :
Pose de la première pierre de l'hôpital Georges Pompidou en présence de Madame Claude Pompidou, Simone Veil, Édouard Balladur et Jacques Chirac, le 15 novembre 1993.

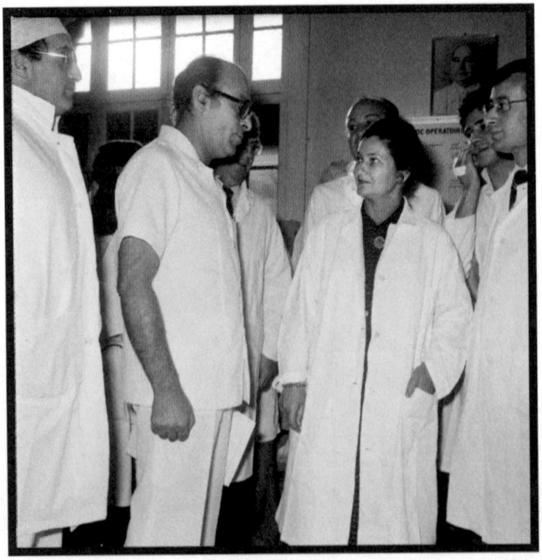

Ci-contre et ci-dessous :
Visite de Simone Veil dans le service de chirurgie orthopédique du professeur Vilain à l'hôpital Boucicault, 1975-1976.

Ci-contre :
Inauguration d'un bâtiment transversal de l'hôpital Saint-Antoine avec Simone Veil et Gabriel Pallez, le 20 septembre 1974.

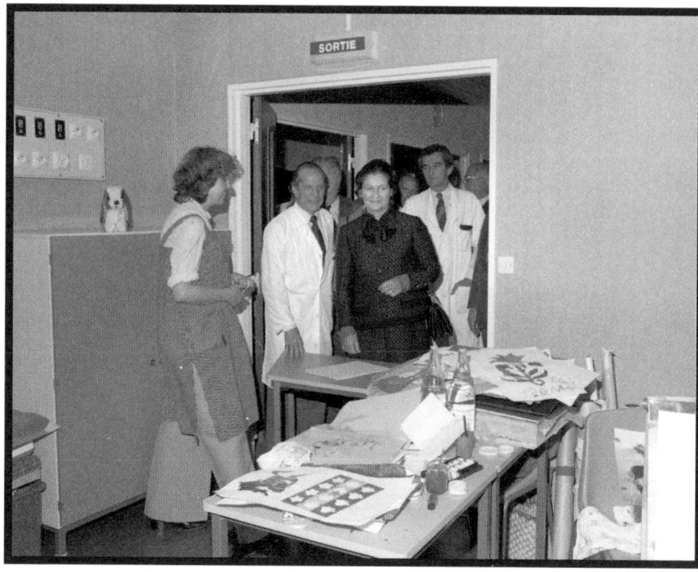

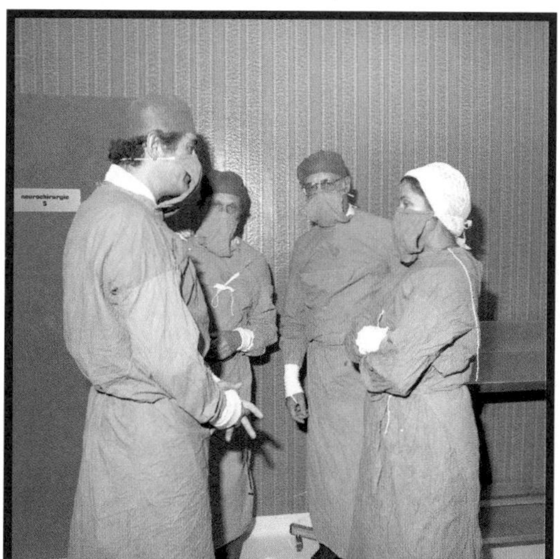

Ci-dessus et ci-contre :
Visite de Simone Veil et
de Gabriel Pallez, directeur
général de l'Assistance publique
– Hôpitaux de Paris (AP-HP),
à l'inauguration du service
de la clinique chirurgicale
infantile de l'hopital Necker,
11 décembre 1978.

ENQUÊTES

LES INFIRMIÈRES DE MME VEIL/

Train de mesures en faveur des personnels hospital
Et plus particulièrement des infirmières.
But de ces dispositions :
endiguer les démissions, stimuler le recrutement

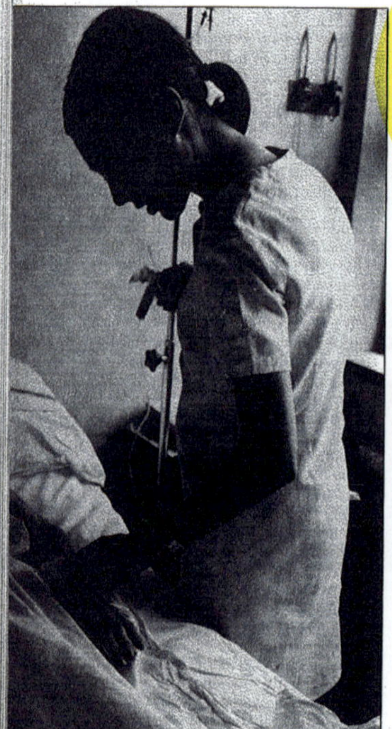

— Je m'attacherai personnellement à favoriser le recrutement et la formation des aides-soignantes, puis à leur faciliter les conditions d'accession à une promotion professionnelle. Il faut que tous les hôpitaux publics, sans exception, comprennent combien il est nécessaire d'ouvrir pour leurs aides-soignantes des cours préparatoires à l'examen d'entrée dans les écoles d'infirmières. Je me propose de créer, à côté de l'examen normal d'entrée dans les écoles d'infirmières, lequel serait maintenu, un nouvel examen de promotion interne que pourraient passer toutes les aides-soignantes, après un temps d'exercice de la profession.

Cette déclaration de Mme Simone Veil, ministre de la Santé, au quarantième congrès de l'Association française des infirmières et infirmiers diplômés d'Etat (Le Touquet, 25 octobre 1974), avait suscité plus de huées que d'applaudissements. Quelques mois auparavant, plusieurs groupements et syndicats représentatifs de la profession avaient, en effet, énergiquement fait connaître leur position : former des aides-soignantes pour en faire de véritables collaboratrices de l'infirmière restait la seule solution pour combler le manque de personnel infirmier et relancer le recrutement d'une façon normale. A l'heure où les universités offrent leurs chances aux jeunes gens sans diplômes, les associations d'infirmières entendaient consolider, devant le recrutement des aides-soignantes, les barrières parfois infranchissables du BEPC ou du BEP sanitaire.

Se plaignant d'être une « profession dominée par le corps médical », le corps infirmier paraissait alors figé à son tour dans la recherche d'un rapport d'autorité compensateur à l'endroit des aides-soignantes. Peut-être aussi, en toute bonne foi, s'agissait-il de défendre la place forte d'une suprématie acquise au prix d'une haute technicité.

Une infirmière enseignante nous précisait à l'époque :

— Ce n'est ni en simplifiant ni en annulant le concours d'entrée d écoles que s'accroîtra le recrutement firmières. Je pense que la bonne v la gentillesse et le désir d'être infirm suffisent pas pour devenir une inf compétente, responsable et capab der autrui.

Un fait semble confirmer ce jug 90 % des élèves des collèges d'en ment technique, pourvues du BE taire, échouent à l'examen d'ent écoles d'infirmières et se plaignent d'avoir été bernées ! Pourquoi, dent certaines infirmières, ne pas des aides-soignantes ?

Certes, mais pour quelle raison les merait-on ensuite dans un ghetto couperait-on tout espoir de prom Les soldats de l'Empire se battaien parce que chacun d'eux était con d'emporter un bâton de maréchal giberne. C'est ce qu'a pensé Mme S Veil, au terme d'une longue, pati minutieuse étude du problème in qu'elle a abordé avec lucidité et ré

Dès son entrée en fonction, le m de la Santé a trouvé une situation an à celle de la plupart des pays industr

En 1973, l'Hexagone comptait infirmières diplômées d'Etat (pép de cadres issus d'une véritable royale » ouverte, soit par le baccal soit par un examen de niveau équiv auxquelles il convenait d'ajouter infirmières « autorisées » (auxiliaires natoriales) et 33 106 infirmières des taux psychiatriques sous statut s Au début du VIe Plan (1971-1975), timait qu'il manquait environ cinc mille infirmières en France. Avec une mière pour 280 habitants, notre pays tuait autour du niveau plancher déte par l'Organisation mondiale de la qui préconise une soignante pour 350 habitants.

Fait important : la durée moyenne carrière d'une infirmière (les homm représentent que 5 % de cette catégo personnel) n'excède pas, scolarité prise, cinq ans et demi.

Cela paraît d'autant plus inquiétan les études conduisant au diplôme sont, depuis 1970, entièrement gra et que les progrès de la médecine et

La carrière moyenne d'une infirmière n'excède pas cinq ans et demi. Scolarité comprise.

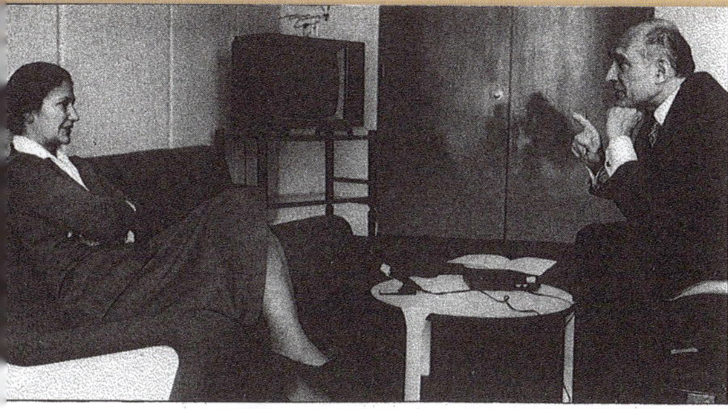

Mme Simone Veil et notre chroniqueur médical Noël Bayon.
Le ministre de la Santé s'est fixé un double but :
assurer à la fois la quantité et la qualité du personnel hospitalier

irurgie, durant ces trente dernières an- ees, impliquent, de la part des infir- ières, des connaissances techniques ex- êmement complexes dont, la plupart du mps, le public n'a pas la moindre idée. es textes publiés par la revue « Soins », 'elles suivent pour la mise à jour nstante de leurs connaissances théori- es et pratiques, peuvent servir d'étalon ur apprécier la somme de technicité 'il leur faut maintenir sans cesse à ni- au. Et qu'elles souhaitent voir rétri- er, prendre en considération à la hau- ır des responsabilités considérables qui découlent.

Certaines sont d'ailleurs passionnées de hnicité. Au point qu'elles souhaitent quer le titre si noble d'infirmière pour ui, froid, inhumain, de « technicienne s soins » qui leur paraît, hélas ! plus gne et plus enviable ! En revanche, d'au- s auraient plutôt tendance à souffrir de prépondérance croissante de ce capital hnique.

— De par la force des choses, nous de- nons de plus en plus l'auxiliaire du mé- cin au détriment de notre rôle essentiel uxiliaire de la personne, bien portante malade, rapportait Mme Elisabeth ussi au IXe congrès médico-social pro- tant.

Ouverture

Avec quelque raison, Mme Simone eil considère que les aides-soignantes i, depuis plusieurs années, assument les hes de soins les plus ingrates d'un ser- e hospitalier n'iraient pas grossir la upe des désenchantées si la chance de venir infirmières leur était offerte. C'est urquoi, imitant ce qui existe à l'Ecole na- nale d'administration, et à peu de chose ès à l'Assistance publique de Paris, elle a cidé d'instituer un concours interne, vrant aux aides-soignantes l'accès aux 6 écoles d'infirmières (crédits d'ouver- e portés de 20 millions à 50 millions de ncs) au même titre que les bacheliers et chelières, qui représentent à peu près % des candidats reçus (18 000 en 74).

En quelque quatre mois, Mme Simone eil semble être venue à bout d'une oppo- ion qu'elle n'avait pas hésité à qualifier de « sectaire ». En fait, l'hostilité qui venait plus spécialement des monitrices et des enseignantes était partiellement fondée sur la crainte de voir aménager le programme et la durée de l'enseignement aux possibilités d'assimilation de ces recrues sorties du rang. La menace de voir se constituer deux corps infirmiers, l'un de haut niveau, l'autre de compétence limitée, ne souriait à personne.

— Il est indispensable d'éviter de former des infirmières au rabais, nous a précisé Mme Simone Veil.

Dans le texte en cours d'élaboration, il est prévu que le programme de l'examen d'admission réservé aux aides-soignantes, après six années d'exercice, doit être aménagé pour tenir compte de ce que nombre d'entre elles sont peu familiarisées avec certaines matières (telles la physique et la chimie). Mais une fois entrées à l'école d'infirmières, elles seront astreintes aux mêmes études que leurs autres condisciples, pendant les vingt-huit mois que dure la scolarité. Et elles subiront le même examen de fin d'études.

Pour encourager l'attachement à la profession et limiter les désertions qu'encouragent les organismes de travail intérimaire, Mme Simone Veil a annoncé la création au cours des trois prochaines années de postes de surveillantes et de surveillantes chefs, la transmission au Conseil d'Etat du décret instituant le grade d'infirmière générale, avec traitement correspondant à celui des fonctionnaires pourvus d'une licence. Une prime spécifique progressive, en début de carrière, une majoration de 50 % des indemnités des dimanches et jours fériés, la possibilité de travailler à mi-temps ou à trois quarts de temps, pour simple convenance personnelle, la construction de nouvelles crèches garderies adaptées aux horaires de travail, le développement de la formation continue, le relèvement des indemnités pour les aides-soignantes et l'octroi d'une prime forfaitaire supplémentaire de 100 francs par mois : tels sont, pour l'essentiel, les avantages que Mme Simone Veil a pu obtenir pour ces personnels soignants. Avantages qui ne constituent qu'un premier pas pour répondre à « la profonde mutation de la profession ».

NOEL BAYON

La médecine à Neuf

La décision du Conseil des ministres de la CEE d'adopter les « directives » réglementant la « libre circulation » des médecins de l'Europe des Neuf suscite dans le corps médical plus de questions que d'enthousiasme.

La coordination préalable des conditions de l'exercice de la médecine dans chaque Etat membre et de l'harmonisation des systèmes de couverture sociale va poser des problèmes épineux.

En 1967, le Dr Jacques Monier, en tant que président de la délégation française (composée conjointement par le conseil national de l'ordre des médecins et la Confédération des syndicats médicaux français), avait fait adopter par le comité permanent des médecins de la CEE une « déclaration commune ». Le texte de ce document qui définissait les principes fondamentaux de la médecine dans l'Europe occidentale n'a pas été retenu par la commission chargée d'en rédiger les « directives ».

En tête de cette « charte de Nuremberg » s'inscrivaient cependant le libre choix du médecin par le malade, le respect du secret médical, l'indépendance technique et thérapeutique du médecin, le « respect de la vie dès son origine ». Et, sur le plan des études médicales, la nécessité d'une formation scientifique du médecin omnipraticien au niveau européen.

Cette charte, dédaignée par les politiques, a rendu les médecins français particulièrement méfiants.

Du moins est-ce l'opinion qui ressort de la lecture du « Médecin de France », organe de la Confédération des syndicats médicaux français, qui vient de paraître et qui accuse le comité permanent des médecins de la CEE de s'être dérobé à son rôle de « groupe de pression » en laissant les universitaires et surtout les gouvernements « remettre la main sur la manivelle ».

Cela à la faveur de susceptibilités, d'oppositions pusillanimes intestines.

Autre objet d'inquiétude : le rejet de la proposition belge permettant à chaque pays de n'admettre les médecins de la Communauté que progressivement, en quelque sorte à la carte et proportionnellement à la démographie médicale locale.

Commentant la décision du conseil des ministres de la CEE, le Dr Jacques Monier nous a précisé :

— En l'absence de dispositions de nature politique communes aux pays européens et portant sur les difficultés économiques sociales rencontrées pour l'exercice médical, il est permis de craindre une migration des médecins en sens unique vers les Etats les plus forts économiquement et où le système d'assistance médicale est le plus avantageux.

En outre, la CSMF réserve sa position en attendant de savoir le sort réservé dans les « directives » à la formation de l'omnipraticien au niveau européen. ■

LE PREMIER DÉBAT DE « LA VIE »

QUELLE POLITIQUE POUR LA SANTÉ ?

Les infirmières, les relations entre les médecins hospitaliers et les médecins traitants, l'hospitalisation des vieillards, la mort à l'hôpital, l'évolution de la médecine de demain... Les réponses de Mme Veil au professeur Milliez.

LORSQUE, le 15 octobre au soir, Mme Veil et le professeur Milliez engagèrent le dialogue, on sut très vite qu'on allait droit à l'essentiel. Ni le ministre de la Santé, ni le grand médecin n'avaient l'intention d'amuser la galerie avec des questions secondaires. En une heure, de sa voix chaude et frémissante, bouillonnant parfois d'émotion, émergeant d'un grand corps qu'animent deux yeux couleur de mer, le professeur Milliez allait cerner au scalpel les principaux aspects d'une politique de la santé. Face à lui, attentive et mesurée, pesant ses mots au fil de ses responsabilités, Mme Veil répondait avec précision, refusant de fuir les questions difficiles. La fraîcheur d'un sourire faisait souvent jouer la souple pureté des lignes du visage, adoucissant la fermeté du ton.

Pr Milliez. — L'un des premiers problèmes, peut-être le principal, ce sont les conditions de travail du personnel infirmier dans les hôpitaux et en ville, et du personnel administratif des hôpitaux. Leur situation n'est pas raisonnable, tellement elle est inférieure à celle du corps médical. Je souhaite qu'on réfléchisse à la nécessité de créer une espèce de communauté de santé, dans laquelle les médecins ne seraient qu'une partie, et où il y aurait non seulement le personnel infirmier et administratif des hôpitaux, mais aussi les malades, et l'ensemble de la nation.

Les médecins, dans l'ensemble, ne tiennent pas à ce qu'on en parle, car trop d'entre eux, hélas ! désirent conserver leurs privilèges, en oubliant que ces privilèges ne sont durables que dans la mesure où ils sont dignes du métier qu'on leur a confié, car c'est la nation qui les paie.

Mme Veil. — Ce problème dépasse le cadre de la santé et de l'hôpital ; c'est celui de la place du médecin dans notre société. Le décalage que vous soulignez entre le mode d'existence du médecin et celui de l'infirmière ou du personnel administratif, est un décalage assez général du médecin dans notre société.

Mais, parlons de la place du personnel infirmier à l'hôpital et dans la vie. Quand j'ai pris mes fonctions ministérielles, j'ai rencontré M. Jean Bernard, qui m'a dit : « Le principal problème en matière hospitalière, c'est celui des infirmières. Cela ne sert à rien de construire des hôpitaux, cela ne sert à rien de nommer des médecins, si l'on ne résoud pas le problème des infirmières ».

J'ai étudié ce problème, et je me suis rendu compte qu'il était parfaitement normal qu'il se pose, non seulement pour les infirmières, mais aussi pour les aides-soignantes, et pour l'ensemble des personnels para-médicaux. Leurs conditions de vie sont très difficiles. Et pourtant, quand je vais dans les hôpitaux, ce qui m'arrive une fois par semaine, je suis frappée par la prise de conscience de leurs responsabilités, comme par la modération de leurs revendications.

Pour les infirmières, il y a certes un problème de conditions de vie. Autrefois, beaucoup d'entre elles étaient des religieuses. Maintenant ce sont des jeunes femmes, souvent mariées. Tout a été dit sur les difficultés de concilier la vie familiale et la vie hospitalière. Mais il y a aussi, et parfois d'abord, quoi qu'en disent certains médecins, un problème de considération dans leurs rapports avec les médecins, et un problème de définition de leur rôle. Que ce soit à l'hôpital, que ce soit en ville, l'infirmière se sent un peu « utilisée », et elle exerce des responsabilités qui ne sont pas toujours suffisamment reconnues.

Au cours de l'année, différente sures ont été prises en faveur de mières, et elles ne sont pas néglig sur le plan matériel. Mais celle à la j'attache le plus d'importance, et quelle il faut donner maintenant to portée, c'est l'institution de l'infi générale. Elle existe dorénavant tous les hôpitaux de plus de cinq lits. Elle est responsable des soins miers. Les problèmes qu'elle a à sont différents de ceux des méd mais, en ce qui concerne les soins miers, elle doit arriver à traiter au de la direction administrative et des médecins. Je souhaite bea qu'elle arrive à jouer son rôle sans plexe, vis-à-vis du corps médical c vis-à-vis de l'administration de l'h et qu'elle se sente pleinement re sable d'une partie de l'organisati la vie hospitalière.

Développer le rôle de l'infirmière

C'est un schéma qui, petit à peti s'instaurer pour la collaboratio l'équipe médicale, de l'équipe ad trative, et de l'équipe de soins infir J'espère que, dans l'avenir, ces nou rapports de collaboration s'instau au sein de chaque service, et qu'o vera à considérer que l'infirmière pas une exécutante, mais qu'elle e une responsabilité propre dans u tain domaine, qui est le sien.

Est-ce que l'exemple de l'hôpital lira sur l'organisation de la méd libérale ? C'est là une question qu cemment, les infirmières ont pos de leur congrès : celle de la redéf du rôle de l'infirmière. On ne pour indéfiniment l'éluder. On sera ainsi né à redéfinir les actes que l'infi peut accomplir, et son rôle dar équipes médicales...

... Le ministre souligne alors la culté du rôle de l'infirmière libérale qui exerce en ville. Quand elle n'e intégrée à l'équipe d'un centre m social, elle doit accomplir une mu d'actes « parcellaires », séparés, c des piqûres, à des multitudes de ma

Pr Milliez. — Il y a quantité de g que l'on ne devrait pas laisser au

Veil et le Pr Milliez au cours du débat de « La Vie Catholique », le 15 octo-
ernier, à la Maison de l'Amérique latine, à Paris.

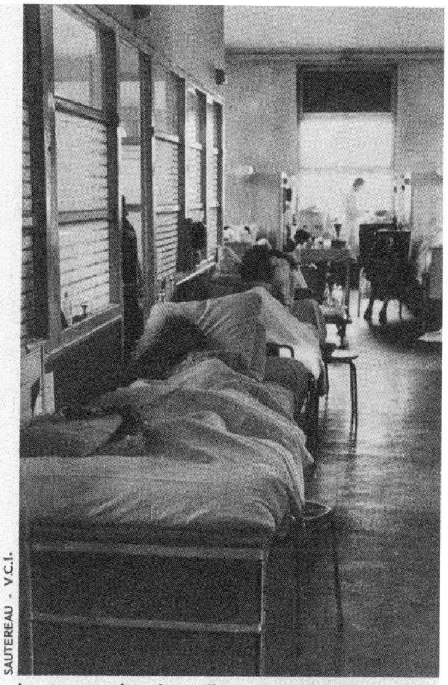

SAUTEREAU - V.C.I.

La suppression des salles communes se fera plus vite en province qu'à Paris.

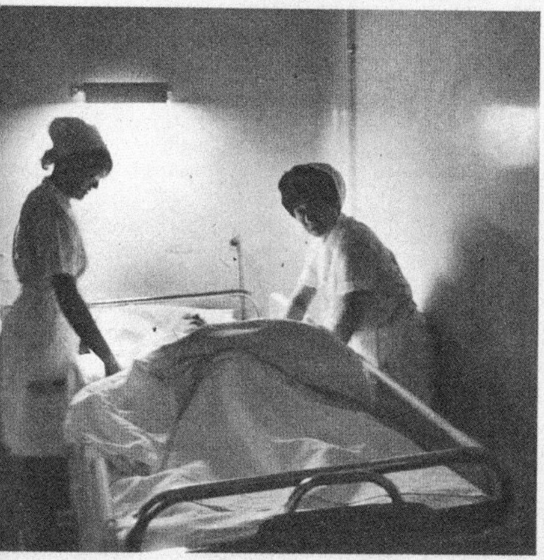

rgence prioritaire : l'amélioration des conditions de travail
rsonnel infirmier en ville et dans les hôpitaux.

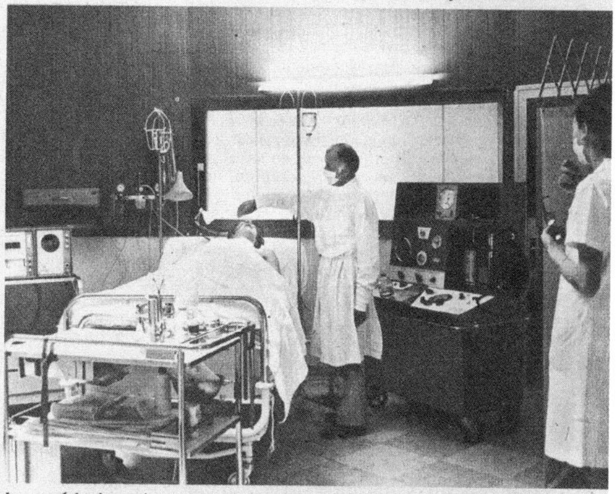

VENEZIA

Les médecins n'ont pas toujours la possibilité de créer des relations suffisamment humaines entre eux et les malades.

;, et que l'infirmière peut accom-
ourquoi empêcher l'infirmière d'ef-
r des prélèvements — elle le fait
pital — à la place du médecin ?
uoi ne pas lui donner en ville le
rôle qu'à l'hôpital ? Pourquoi ne
oulager le médecin d'un certain
e de gestes, comme la prise de
sion artérielle des grands hyper-
;, qu'on doit surveiller régulière-
? Il faut développer le rôle de l'in-
e, lui donner de nouvelles fonc-
franchir une étape. Les médecins
ébordés de travail, et n'ont souvent
pas le temps de se recycler. Ils
ient être plus largement aidés par
rsonnel infirmier de bonne qualité,
sans qu'on demande pour autant à celui-ci de suivre les mêmes études qu'un médecin.

Et voici ma seconde question : Comment entrevoyez-vous l'établissement de relations plus humaines entre le médecin hospitalier et ses malades d'une part, et entre le médecin hospitalier et les médecins traitants, ou médecins de famille, d'autre part ?

Un nombre considérable de médecins ont avec les malades hospitalisés un comportement que, personnellement, je trouve scandaleux. Dans mon propre service, quelquefois, je suis stupéfait de voir que — sous prétexte qu'il s'agit d'un vieillard ou d'un malade pour lequel il n'y a pas de geste thérapeutique véritable à faire — on passe à côté du problème, c'est-à-dire qu'on néglige presque l'essentiel de notre métier, qui est d'aider quand on ne peut pas guérir.

Mais je pense aussi à l'attitude des médecins traitants. Verriez-vous un grand inconvénient à ce que les médecins de famille qui le désirent puissent venir soigner à l'hôpital, avec le médecin chef de service, un certain nombre de malades qui sont « leurs » malades ? Cela nous permettrait de conserver le contact avec le milieu, avec le malade, avec son médecin. Ensuite, le médecin reprendrait son malade dans de meilleures conditions que quand il reçoit seulement les

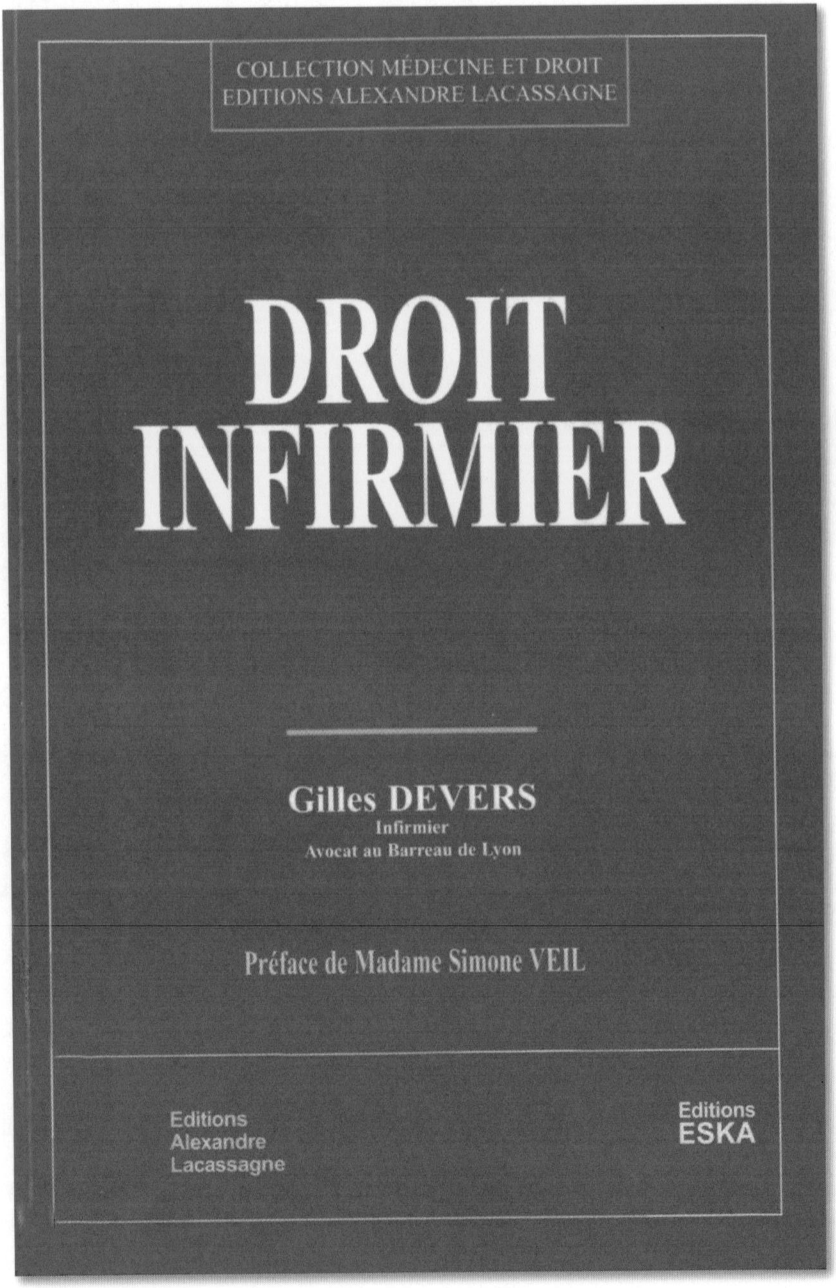
COLLECTION MÉDECINE ET DROIT
EDITIONS ALEXANDRE LACASSAGNE
DROIT INFIRMIER
Gilles DEVERS
Infirmier
Avocat au Barreau de Lyon
Préface de Madame Simone VEIL
Editions Alexandre Lacassagne
Editions ESKA

Etre infirmière, c'est approcher chaque jour la maladie, la souffrance, parfois la mort. C'est partager l'espoir d'une guérison ou la joie d'apporter un soulagement même momentané.

Ce qui fait la grandeur de ce métier, c'est l'alliance entre la maîtrise des techniques les plus sophistiquées et la dimension humaniste fondamentale qui est au cœur de la relation entre le soignant et le patient.

Chaque infirmier trouvera dans ce livre une présentation juridique propre à satisfaire sa riosité et sa formation. Qu'il soit salarié dans le secteur privé, fonctionnaire public hospitalier indépendant pratiquant l'exercice libéral, il pourra s'informer sur son statut, comprendre les gles juridiques qui guident sa pratique professionnelle, enfin étudier avec précision les diffénts régimes de responsabilités le concernant. C'est à une vision générale de la profession 'invite l'auteur afin que chacun puisse mieux appréhender les situations auxquelles il devra pondre quotidiennement.

Pages 134 à 135 :
Valeurs actuelles,
n° 1994, du 17 au 23 février 1975.

Pages 136 à 137 :
La Vie Catholique,
n°1574, du 29 octobre
au 4 novembre 1975.

Ci-contre :
Simone Veil, en donnant une préface à cet ouvrage, montre à quel point en tant que ministre de la Santé, elle s'est souciée de la qualité des soins prodigués et de la formation des soignants.

Paris, le 15 mai 1995

Ministre d'Etat
Ministre des Affaires sociales
de la Santé et de la Ville

Suit toute une série de mesures qui portent la marque de la volonté de la ministre de tenir ses promesses de refonte de la profession : désormais, les infirmières seront associées aux travaux de la commission médicale consultative de chaque hôpital ; il est créé l'emploi d'infirmière générale et d'infirmière générale adjointe, avec des mesures indiciaires « propres à marquer l'importance de leur rôle », les faisant accéder au niveau de la catégorie A ; l'infirmière générale participera aux responsabilités et à la gestion des personnels infirmiers, des aides-soignants et des agents du service hospitalier, proposera une affectation, veillera, en liaison avec le corps médical, à la qualité des soins et participera à la conception, à l'organisation et à l'évolution des services médicaux.

Ce qui est intéressant, et fondamentalement nouveau, c'est le souci porté aux horaires particuliers du personnel infirmier, qui empêchent les mères de famille de placer leurs enfants dans des crèches traditionnelles, sachant que la maternité est la raison principale du renoncement des infirmières et des aides-soignantes à leur emploi. Il est donc nécessaire d'augmenter le nombre de crèches hospitalières, ridiculement faible. Il est aussi prévu d'assouplir le mi-temps ou de permettre de travailler à trois quarts de temps.

Peu de ministres ont créé des primes qui portent leur nom. Encore aujourd'hui, on parle de la prime Veil qui résulte de deux arrêtés d'avril 1975. La ministre obtient d'autres améliorations financières, notamment un plan de revalorisation indiciaire sur trois ans. Pour celles qui reviennent à l'hôpital public après une absence pour élever de jeunes enfants, elle impose qu'elles soient réembauchées non pas à équivalence de traitement – ce qui devenait un désavantage à cause des fréquentes augmentations générales de rémunération suivant la hausse des prix – mais à équivalence d'indice.

Dans le même esprit, Simone Veil s'intéresse au rôle majeur des sages-femmes pour améliorer le suivi de la grossesse et la sécurité des naissances. Redevenue ministre, elle mettra fin à un anachronisme, en 1994, en décidant de rendre possible le fait que l'ordre des sages-femmes, jusque-là dirigé par un médecin, puisse être présidé par une sage-femme.

Par une circulaire du 20 septembre 1974, Simone Veil, alors ministre de la Santé, établit la première charte du patient hospitalisé qui affirme le droit pour le malade au respect de sa dignité et de sa personnalité. Le 6 mai 1995, elle signe une nouvelle circulaire qui insiste sur les droits attachés à la personne et la prise en charge médicale.

Charte du patient hospitalisé

1 Le service public hospitalier est accessible à tous et en particulier aux personnes les plus démunies. Il est adapté aux personnes handicapées.

2 Les établissements de santé garantissent la qualité des traitements, des soins et de l'accueil. Ils sont attentifs au soulagement de la douleur.

3 L'information donnée au patient doit être accessible et loyale. Le patient participe aux choix thérapeutiques qui le concernent.

4 Un acte médical ne peut être pratiqué qu'avec le consentement libre et éclairé du patient.

5 Un consentement spécifique est prévu notamment pour les patients participant à une recherche biomédicale, pour le don et l'utilisation des éléments et produits du corps humain et pour les actes de dépistage.

6 Le patient hospitalisé peut, à tout moment, quitter l'établissement sauf exceptions prévues par la loi, après avoir été informé des risques éventuels qu'il encourt.

7 La personne hospitalisée est traitée avec égards. Ses croyances sont respectées. Son intimité doit être préservée ainsi que sa tranquillité.

8 Le respect de la vie privée est garanti à tout patient hospitalisé ainsi que la confidentialité des informations personnelles, médicales et sociales qui le concernent.

9 Le patient a accès aux informations contenues dans son dossier notamment d'ordre médical par l'intermédiaire d'un praticien qu'il choisit librement.

10 Le patient hospitalisé exprime ses observations sur les soins et l'accueil et dispose du droit de demander réparation des préjudices qu'il estimerait avoir subis.

Vous pouvez consulter le texte intégral de cette charte (circulaire ministérielle n° 95-22 du 6 mai 1995 relative aux droits des patients hospitalisés) ; renseignez-vous auprès de la surveillante du service.

ASSISTANCE PUBLIQUE HÔPITAUX DE PARIS

DLP 15-4-94003374

JEUDI A LONGCHAMP
18 PARTANTS
Morra donnait le tiercé d'hier dans l'ordre
NOS 4 PAGES JAUNES

France-Soir

TOUTE DERNIÈRE • TIERCÉ, QUARTÉ+, QUINTÉ+

Mercredi 13 avril 1994 CTD B 5 F

37, rue du Louvre, 75070 Paris Cedex 02 - Tél.: 44.82.87.00 • ISSN 0182-5860 Petites annonces - Tél.: 45.62.44.00 • Sainte Ida • N° 15 451

CINÉMA

Photo FRANCE-SOIR

Robert Hossein se venge

• Page 21

FOOTBALL

PARIS S-G
Bye bye l'Europe

SÉCURITÉ DE LA MÈRE ET DE L'ENFANT PRIORITAIRE

MATERNITÉS : la grande réforme

• Accouchement sous péridurale : A LA DEMANDE • Présence 24 h sur 24 d'un anesthésiste dans les grands établissements : OBLIGATOIRE • Système d'astreinte étendu pour les petites maternités : SUR 5 ANS

• Page 8

RÉFORME DES MATERNITÉS PRÉVUE SUR CI

Accouchement so péridurale rembou

Il le sera dans 100 % des cas. C'est l'une des innovations du projet de loi, qui prévoit aussi la présence obligatoire d'un anesthésiste 24 h sur 24 dans les grands établissements

Réduire la mortalité maternelle et infantile, mieux prendre en charge la grossesse et imposer la présence de spécialistes dans toutes les maternités effectuant plus de 1 500 accouchements par an : telles sont les mesures présentées, hier, par le gouvernement pour améliorer la sécurité de la mère et de l'enfant.

Simone Veil, ministre des Affaires sociales et de la Santé, et le ministre délégué à la Santé, Philippe Douste-Blazy, ont donc annoncé toute une série de nouvelles dispositions qui entreront progressivement en vigueur.

Ainsi dès 1995, la présence 24 h sur 24 d'un anesthésiste-réanimateur, d'un obstétricien et d'un pédiatre sera exigée dans toutes les maternités effectuant plus de 1 500 accouchements par an.

Professionnels

Pour les maternités réalisant de 300 à 1 500 accouchements, un système d'astreinte devra obligatoirement être organisé, a précisé Philippe Douste-Blazy. En l'an 2000, toutes les maternités devront disposer d'une présence permanente de ces professionnels. La présence sur place d'une sage-femme sera exigée partout dès l'année prochaine.

Outre ce renforcement de l'encadrement médical, « on distinguera trois types de maternités en fonction du niveau de soins qu'elles devront assurer aux nouveaux-nés », a expliqué le ministre de la Santé.

Pour prévenir des drames, un « système d'expertise » des morts maternelles sera instauré, ainsi que la création d'un certificat de décès spécifique pendant la période néonatale (de la naissance jusqu'au 28e jour). Un Comité de suivi, créé au sein de la Direction générale de la santé, publiera un rapport dans trois ans et une évaluation finale du plan à cinq ans. Un guide de « bonnes pratiques » cliniques de surveillance de la grossesse sera édité pour 110 000 professionnels.

La péridurale, pour toutes les femmes qui le désirent, sera systématiquement remboursée à 100 %. Il faudra cependant se renseigner avant d'accoucher car cette forme d'anesthésie ne sera pas possible partout. Actuellement, le remboursement à 100 % dépend de la bonne volonté des caisses primaires d'assurance-maladie avec des disparités selon les régions. L'accouchement sans douleur sera donc offert à toutes les femmes.

Toujours dans le but d'assu-

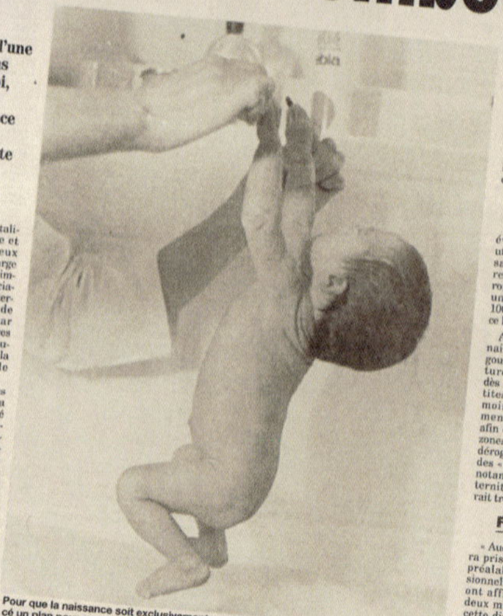

Pour que la naissance soit exclusivement un moment de bonheur, le gouvernement a lancé un plan pour accroître la sécurité dans les maternités.

Photo DR

rer mè tion fan Ka gyn diat cour que d'av bébé ciaux

Dan éviter utiles sants rents, ront, d unifor 100 %, ce hospi

Autre naire in gouvern ture pa dès 1995 tites ma moins d ments p afin de n zones rur dérogatio des « spé notammen ternité de rait trop él

Fer

« Aucune ra prise sa préalable a sionnels et ont affirmé deux minist cette dispos provoquer du dans les dépa communes co

En outre, le minuer la mo nelle de 30 % ment, plus de meurent chaq souligné Simon aussi à réduire infantile « 20 % ».

En 1990, le t talité infantile pour 1 000. Ma se classait derr magne (6) et l'Es

825 MILLIONS DÉBLOQUES POUR LES HOPITAUX. MAIS...

Furax, les infirmières

Manque d'effectifs, horaires trop lourds : elles considèrent que leur situation est devenue dramatique

Les infirmières repartent en guerre. Elles devraient être plusieurs milliers dans les rues de Paris le 10 mai prochain à l'occasion d'un grand rassemblement organisé par leur coordination nationale. Et il y aura même un gâteau géant pour fêter le 700e jour de leur sit-in pacifique devant le ministère de la Santé.

Et d'autres manifestations suivront, car le personnel infirmier considère que la situation est devenue dramatique.

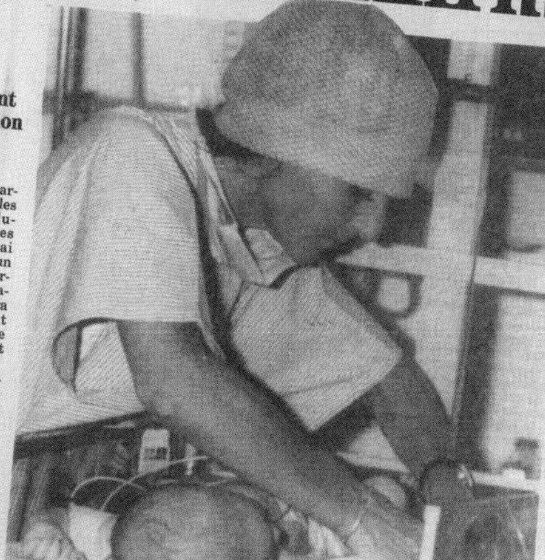

Suppression des sept jours de travail consécutifs, mais un nouveau mode de calcul des congés qui irrite les infirmières.

Photo FRANCE-SOIR (Pascal Lesire)

Circulaire

Ce sera très chaud : « Il y a eu le CIP pour les jeunes et maintenant, nous avons le nôtre ! », explique Eric Rabette, vice-président de la Coordination.

« La dernière circulaire ministérielle Veil du mois de février vise tout simplement à allonger notre temps de travail annuel de cinq à quinze jours pour l'ensemble du personnel suivant les hôpitaux.

« Non seulement le ministère de la Santé ne peut pas appliquer les 35 heures dans les hôpitaux comme il devait le faire depuis le 1er janvier, mais, en plus, il augmente la durée du travail. »

Tout en reconnaissant quelques aspects positifs comme la suppression des sept jours de travail consécutifs, les infirmières vont crier leur ras-le-bol devant le nouveau mode de calcul des jours de congés. Le nombre des jours fériés mobiles sera fixé au plancher le plus bas (onze) alors que dans les hôpitaux parisiens il est de 18. Mais surtout, – et ce qui ajoute à leur mécontentement – on ne parle désormais plus de jours ouvrables mais de jours « ouvrés ».

Tous calculs confondus, cela diminue de un à trois jours les vacances. Autre grief, les infirmières travaillant en pool de nuit bénéficiaient de 9 jours de congés spéciaux dus à la pénibilité des horaires, ce dont on ne parle plus dans la nouvelle circulaire.

« Le ministère a avoué que cette économie d'un seul jour rogné sur l'ensemble du personnel hospitalier une fois additionné représente 2 700 postes de travail ! », constate avec fureur le porte-parole de la Coordination des infirmières. Pour nous, c'est le détonateur qui va faire éclater la bombe.

Ancienneté

« Le personnel hospitalier est déjà complètement à bout. Car, en plus de cette nouvelle circulaire, la liste des sujets de mécontentement plus anciens demeure : les 35 heures ne sont pas appliquées sauf à Paris, les augmentations de salaires signées par le ministre Michel Durafour ne sont toujours pas payées.

« Bonne nouvelle tout de même, le gouvernement vient d'annoncer qu'il débloquait 825 millions. Mais on attend pour le croire de voir les augmentations.

« L'ancienneté des infirmières du privé qui viennent dans le public n'est toujours pas reprise malgré les promesses. A cela s'ajoutent la campagne de fermeture des 22 000 lits, les services des urgences supprimés et les conséquences directes sur le personnel médical. »

Dossier réalisé par Anne NOURRY

UN CHEF DE SERVICE

Bernard Debré : « Agissons ! »

« Si nous n'avons pas d'infirmières, les services ne tourneront pas, estime le professeur Bernard Debré, chef du service d'urologie à l'hôpital Cochin.

« Les infirmières effectuent un travail difficile, indispensables dans des conditions pénibles et pas toujours bien rémunérées. Aussi, bien souvent, elles fuient la profession qu'elles avaient choisie par vocation pour le privé ou travailler pour un laboratoire médical.

« Ces jeunes femmes font des prouesses. Outre leurs fonctions propres, elles assurent parfois des tâches d'aides-soignantes, elles aussi peu nombreuses. La qualité des soins n'est pas remise en cause, mais on est sans cesse en équilibre.

« A la lumière du rapport de l'IGAS qui vient de paraître, il faut avoir le courage de transformer un certain nombre de petits hôpitaux, fusionner, faire plus de maisons de moyens et longs séjours. C'est une décision politique. Il faut avoir le courage de la prendre relativement rapidement.

« Ces problèmes sont connus depuis une quinzaine d'années par les médecins et rien n'a été fait. Le rapport de l'IGAS a l'avantage de mettre en lumière ces réalités. Agissons ! »

UNE INFIRMIÈRE

Gladys : « Les soins se sont dégradés »

Gladys gagne environ 9 200 francs par mois, un tout petit peu plus si elle travaille plusieurs week-ends. Sous sa responsabilité, treize à vingt malades.

« Après dix ans d'exercice comme infirmière de nuit, j'ai quitté ce poste, car c'était trop difficile, insupportable », raconte Gladys Ledezma, 42 ans, infirmière à Boucicault. « Je travaille maintenant de jour. Les conditions sont pénibles surtout, lors des roulements des grandes équipes. On commence souvent à 7 heures du matin, le deuxième jour, l'après-midi, on finit à 21 h, certaines fois à 23 h pour la jonction avec l'équipe de nuit, et le lendemain on recommence à 7 h. Certaines de mes collègues galèrent en plus une à deux heures dans les transports en commun.

« On court tout le temps. On s'occupe des soins, de la toilette avec les gardes-malades, des rendez-vous, de la préparation des examens. L'infirmière de nuit surveille trente malades. A Emile-Roux, dans un service de personnes âgées dépendantes, il y a une infirmière et cinq aides-soignantes pour deux cents malades, comment voulez-vous qu'on puissent « posturer » les patients, c'est-à-dire les changer de position toutes les deux heures pour éviter les escarres. Les soins se sont vraiment dégradés. »

Force est de constater que l'action de Simone Veil en faveur des femmes a une palette très large, toujours portée par son idée maîtresse : les femmes sont discriminées et empêchées de se réaliser par une organisation du travail défaillante. Avec une infinie sensibilité, celle d'une femme et d'une mère de famille, Simone Veil donne son opinion sur le nombre d'enfants : « On parle toujours de démographie en termes quantitatifs. Moi j'estime l'aspect qualitatif beaucoup plus déterminant. Il faut, certes, que les femmes aient des enfants. Mais il faut surtout que ces enfants n'aient pas des mères insatisfaites ou déprimées : une femme "bien dans sa peau" c'est capital pour l'équilibre du couple et de l'enfant[49]. »

À son départ du ministère en mai 1995, elle donne une préface à l'édition du volume *Droit infirmier*[50], écrit par Gilles Devers, ce qui prouve une fois de plus qu'en tant que ministre Simone Veil a laissé une forte empreinte dans les dossiers qu'elle a suivis. Il est évident qu'elle n'agit pas par opportunisme ni stratégie à court terme, mais, parce qu'elle est fondamentalement convaincue de la nécessité de réformer, elle suit les progrès de ce qu'elle a contribué à faire naître.

Double-page précédente : Le 12 avril 1994, Simone Veil et son ministre délégué à la Santé, Philippe Douste-Blazy présentent le plan « périnatalité » du gouvernement, qui vise notamment à renforcer la surveillance de la grossesse et la sécurité lors de l'accouchement, à améliorer la prise en charge par l'assurance maladie des frais liés à la naissance, et à lutter contre la douleur par le remboursement de l'analgésie péridurale. (*France-Soir*, du 13 avril 1994 et du 30 avril 1994).

« Au cours de l'année, différentes mesures ont été prises en faveur des infirmières, et elles ne sont pas négligeables sur le plan matériel. Mais celle à laquelle j'attache le plus d'importance et à laquelle il faut donner maintenant toute sa portée, c'est l'institution de l'infirmière générale. Elle existe dorénavant dans tous les hôpitaux de plus de 500 lits. Elle est responsable des soins infirmiers… Je souhaite beaucoup qu'elle arrive à jouer son rôle sans complexe, vis-à-vis du corps médical comme vis-à-vis de l'administration de l'hôpital, et qu'elle se sente pleinement responsable d'une partie de l'organisation de la vie hospitalière. »

La Vie catholique du 29 octobre 1975.

III

LA VOIX DES FEMMES 1979-2009

« Les hommes s'approprient le pouvoir là où il est vécu et reconnu. Ils n'en concèdent une part plus ou moins grande aux femmes que dans les domaines où, selon les pays, le pouvoir n'apparaît pas comme un enjeu majeur. »

Comité d'histoire parlementaire,
au Sénat, mars 2004, publié dans Simone Veil, *Mes combats*.

9 PRÉSIDENTE DU PARLEMENT EUROPÉEN

« Mon engagement européen date de 1945. Dès cette époque, je me suis dit qu'il fallait qu'on se réconcilie avec l'Allemagne, qu'on fasse la paix, et que la seule façon de la faire c'était de construire une Europe unie. Sinon, on aurait une troisième guerre mondiale.[51] » VGE ne se trompe pas

Photomontage de Jean-Marie Périer de Simone Veil posant avec des enfants, 1995.

quand, au printemps 1979, il lui confie la tâche de mener la liste UDF (Union pour la démocratie française) aux élections européennes à venir. Encore une fois, c'est une première. Elle n'est pas députée, n'a pas milité dans un parti, et, pire encore, elle n'a aucune expérience de campagne électorale. Son atout majeur, outre d'être une Européenne convaincue, c'est sa popularité. Giscard, non sans cynisme, joue aussi sur le fait qu'une déportée juive attachée à la réconciliation franco-allemande sera d'autant plus convaincante auprès des électeurs. Dans ses mémoires, Giscard explique les raisons de son choix : « Elle a une excellente image et un passé émouvant[52]. »

Photographies, articles, émissions télévisées, Simone Veil se lance dans la bataille. Les murs se couvrent d'affiches. La campagne est rude, les attaques du Front national sont violentes. VGE bataille pour imposer sa ministre, qui multiplie les réunions publiques, comme le 7 juin 1979, dans une école de la rue Lepic à Paris où des militants FN font irruption, Jean-Marie Le Pen en tête. Des engins fumigènes et lacrymogènes ont été lancés. Le leader du Front national la traite d'« avorteuse », invective Simone Veil à plusieurs reprises. Pas de quoi l'impressionner. Digne, elle lui répond : « Vous ne me faites pas peur. J'ai survécu à pire que vous, vous n'êtes que des SS aux petits pieds. » Calme, face à une salle debout, hurlante, où les projectiles de toutes sortes continuent de voler, elle ajoute : « Qui êtes-vous ? Que représentez-vous ? Vous représentez 1 %. Vous ne représentez rien. Dans une démocratie, représenter 1 %, c'est grotesque. Vous êtes ridicules, allez-vous coucher[53]. »

Le 7 juin 1979, face à des membres du Front national venus perturber sa réunion électorale rue Lepic à Paris, Simone Veil leur clame depuis la tribune : « Vous ne me faites pas peur, j'ai survécu à pire que vous, vous êtes des SS aux petits pieds. »

Au soir du 10 juin 1979, la liste de Simone Veil remporte 27,50 % des voix. Une fois les élections gagnées, VGE la voit présidente et s'assure discrètement de l'accord du chancelier Helmut Schmidt. C'est chose faite le 17 juillet 1979, Simone Veil est élue présidente de l'Assemblée européenne ; elle l'emporte avec 192 voix sur 377 votants, au second tour de scrutin. Elle est la première femme à la tête d'une institution européenne élue au suffrage universel. L'année 1979 est un tournant en Europe puisque Margaret Thatcher est la première femme à devenir Premier ministre britannique, six ans après l'entrée de son pays dans la CEE.

En déplacement à l'étranger, VGE salue son élection : « Je crois, a ajouté le chef de l'État, qu'il est important de porter à la tête de cette Assemblée quelqu'un qui illustre cette volonté d'entente, et d'autre part, cette élection est aussi le symbole

Simone Veil, qui mène la liste UDF aux élections européennes à la demande de VGE, affronte des ténors de la politique à la télévision et anime des meetings, ici le 25 avril 1979.

du rôle que les femmes peuvent jouer et doivent jouer dans l'organisation des progrès de l'Europe[54]. »

C'est une femme, la doyenne Louise Weiss, élue sur la liste du RPR (Rassemblement pour la République), qui préside la séance d'ouverture le 18 juillet. Âgée de 86 ans, féministe militante, journaliste passionnée, résistante engagée, voyageuse infatigable, Mme Louise Weiss est aussi, selon sa propre expression, une « amoureuse de l'Europe[55] ».

Après des remerciements appuyés à Louise Weiss, Simone Veil prononce un discours où elle se dit en face de « trois défis majeurs, celui de la paix, celui de la liberté, celui du bien-être ». À l'évidence, elle est heureuse et fière d'être la première femme élue présidente du Parlement européen. Son engagement pour l'Europe date d'il y a longtemps : « J'ai toujours été persuadée que l'unification européenne dépendait avant tout d'une réconciliation franco-allemande. Je repense à ma mère, morte à Bergen-Belsen, et que j'avais entendue toute mon enfance déplorer que Briand et Stresemann[56] n'aient pas réussi à réconcilier nos deux pays. C'est pourquoi, dès mon retour d'Auschwitz, j'ai milité en faveur de cette convergence, dès lors que l'Allemagne nouvelle avait épousé les voies de la démocratie. Depuis la fin de la guerre, j'ai toujours considéré que cette réconciliation n'effaçait pas la mémoire, l'une et l'autre indispensables pour éliminer tout esprit de revanche et éviter toute nouvelle dérive[57]. »

Quand Simone Veil prend ses fonctions, il n'y a qu'un règlement inutilisable et pas de méthode de travail, tout ce qu'elle exècre. Sans perdre de temps, la présidente s'attelle

U.D.F. VAUCLUSE

à mettre en place une organisation efficace : « Le Parlement était comme un enfant qui aurait eu de grandes difficultés à naître. J'ai eu l'impression de le materner, de jouer le rôle de la mère nourricière[58]. » À peine deux ans après son arrivée, le Parlement se dote d'un nouveau règlement, fruit d'un compromis qui renforce les compétences du président dans l'organisation des travaux.

Dans la nouvelle assemblée européenne, les femmes représentent 16,6 %, contre 6 % avant l'élection directe, la France est le pays qui compte le plus d'élues (18 députées élues) ; en proportion, seules les Danoises font mieux.

Dès juillet 1979, Yvette Roudy, féministe et socialiste, demande, avec d'autres élues, la création d'une commission des droits des femmes. Immédiatement, Simone Veil les assure de

En tant que présidente du Parlement européen de juillet 1979 à janvier 1982, Simone Veil rencontre l'ensemble de dirigeants des pays membres. Le 24 novembre 1981, Pierre Mauroy, alors Premier ministre, la conduit au salon bleu de l'Élysée pour une rencontre avec le président de la République, François Mitterrand.

son soutien ; l'idée lui plaît. Elles deviennent amies et alliées alors qu'elles ne sont pas du même bord politique. La présidente relaie cette demande au bureau du Parlement qui rechigne, notamment les élus qui avaient siégé dans l'assemblée précédente. Grâce à l'appui de Simone Veil, la commission des droits des femmes voit le jour le 26 octobre 1979 pour mettre fin aux préjugés concernant la place réservée aux femmes et aux discriminations qui en résultent. C'est de cette commission que découle la politique européenne d'égalité entre les hommes et les femmes menée dans des États membres.

« En 1979, élue à la présidence du Parlement européen, j'ai dû, dès mon élection, affronter le bureau de l'institution, composé de notables des partis politiques particulièrement machistes. C'est avec de grandes difficultés que je suis parvenue à arracher à ses membres la création d'une Commission des droits de la femme, dont Yvette Roudy a été la présidente. »

États généraux du handicap,
le 23 mars 2005, publié dans Simone Veil, *Mes combats*.

Yvette Roudy est chargée d'une vaste enquête préalable sur la situation des Européennes, démarche nécessaire avant d'envisager toute action. La priorité est d'imposer dans la réalité l'égalité salariale entre les sexes.

Vingt-cinq ans plus tard, revenant sur son expérience de présidente du Parlement européen, Simone Veil se souvient de ses conversations avec ses homologues des autres pays : « Elles m'ont fait observer qu'il y avait peu de femmes en France dans la vie politique, notamment par rapport aux pays scandinaves et aux Pays-Bas où leur nombre atteint la parité et où elles exercent de hautes responsabilités ». Un exemple parmi d'autres : quand, invitée par le président de Siemens à donner une conférence sur l'Europe devant un parterre de présidents et de directeurs généraux des plus grandes sociétés privées, Simone Veil constatera que, dans la salle, il n'y avait pratiquement que des hommes, quelques ministres, des parlementaires[59]. Pour Simone Veil, « les hommes s'approprient le pouvoir où il est réel et reconnu. Ils n'en concèdent une part plus ou moins grande aux femmes que dans les domaines où, selon les pays, le pouvoir n'apparaît pas comme un enjeu majeur ». En France, comme dans les pays latins et à la différence des pays du Nord, Simone Veil note que « c'est le pouvoir politique qui incarne le véritable pouvoir, le plus prestigieux en raison du rôle prédominant de l'État[60] ».

La présidence de Simone Veil, par son aura, permet d'augmenter la visibilité de cette institution qui, à cette époque, manque de poids dans les décisions européennes : « Le Parlement européen a un problème particulier que n'ont pas les autres parlements. Nous avons à nous faire connaître », admet-elle en 1980, répondant à un journaliste de *France-Soir*[61].

Connue à l'étranger comme ancien ministre de la Santé et à l'origine de la loi sur l'IVG, Simone Veil travaille ainsi à lui donner un rôle politique réel. Jouant de son prestige, la présidente, infatigable, multiplie les déplacements dans toutes

À Strasbourg, le 17 juillet 1979, l'hémicycle du Parlement européen ovationne Simone Veil lors de son élection à la présidence.

les capitales en Europe et ailleurs pour rencontrer les dirigeants. Helmut Schmidt, bien sûr, pour parler de la réunification allemande, Margaret Thatcher, « moins désagréable que sa légende ne l'a affirmé[62] », le couple Clinton, et, celui qui l'a le plus marquée, le président égyptien, Anouar el-Sadate. « Partout où elle se rend », note Nadine Vasseur, « elle porte les causes qui lui sont chères, à commencer par celles des droits de l'homme et bien sûr, la cause des femmes.[63] »

En parfait accord avec ses propres convictions, désormais partagées par un mouvement transnational, Simone Veil met au service des droits de l'homme le Parlement, sollicité par des pétitions en faveur de victimes de répressions, des appels à l'aide et des demandes formulées par des ONG comme Amnesty International. Sa réputation lui permet d'intervenir concrètement, au-delà des frontières de l'Europe des neuf, puis des dix, notamment en faveur de personnalités russes, turques ou argentines.

Son travail de présidente lui vaut, en 1981, le prestigieux prix Charlemagne, décerné depuis 1949 à Aix-la-Chapelle, en hommage au premier grand empereur européen, qui récompense une personnalité œuvrant pour l'unification européenne. Considéré un peu comme le prix Nobel de la paix européen, il couronne des personnalités politiques de premier plan[64]. La même année, en décembre 1981, Simone Veil reçoit le prix Louise Weiss, « pour son inlassable action en faveur de l'Europe et de la paix ». Elle est la première femme à obtenir cette distinction.

Quand elle abandonne ses fonctions à la mi-janvier 1982 les applaudissements, pendant cinq bonnes minutes, des 450 députés européens, debout, montrent qu'elle a su donner au Parlement européen une place à part entière sur la scène internationale.

À l'issue de son mandat, Simone Veil renouvelle sa candidature avant d'y renoncer, du fait, notamment, de l'opposition

Double-page suivante : *France-Soir* du 29 avril 1980.

« L'Europe a permis aux femmes de faire de grandes avancées et il faut continuer. »

États généraux du handicap, le 23 mars 2005,
publié dans Simone Veil, *Mes combats*.

des gaullistes. Mais elle reste au Parlement, d'abord comme présidente de la commission des affaires juridiques puis du groupe libéral, jusqu'en 1993, date à laquelle elle est nommée ministre des Affaires sociales du gouvernement Balladur.

Maintes fois, Simone Veil montrera son engagement en faveur de l'Europe. Pour célébrer, soixante ans après, le jour où les femmes votaient pour la première fois en France, le 29 avril 1945, les Femmes pour l'Europe se rassemblent place du Trocadéro à Paris pour dire « Oui à la Constitution européenne », répondant à l'appel de la ministre de la Parité et de l'Égalité professionnelle, Nicole Ameline. Entourée de Simone Veil et de son homologue aux Affaires européennes, Claudie Haigneré, Nicole Ameline veut ainsi faire campagne pour le « oui » au référendum sur la Constitution européenne, en convainquant les femmes que l'Europe est une « chance » pour elles[65]. Simone Veil, qui s'est mise en congé du Conseil constitutionnel pour faire campagne, prononce un discours à la tribune : « Mon vœu est tout simple, c'est dire oui à la Constitution parce que tout ce qu'on peut espérer pour les femmes dépend du oui à la Constitution[66] ».

En 2010, élue à l'Académie française, Simone Veil traduit son espérance dans l'Europe en inscrivant la devise européenne – « Unie dans la diversité » – sur son épée, couronnée de deux mains entrelacées, en signe de réconciliation des peuples.

L'année suivante, Simone Veil, témoignant avec d'autres anciens présidents du Parlement européen, confie : « Parfois difficile, toujours passionnante, elle est demeurée la période la plus riche de ma vie[67]. »

SI DES FRANCAIS ETAIENT PRIS EN OTAGES

... Les paras de Kolwezi seraient prêts à les tirer d'affaire

Page 6, le reportage de Jean-François

France-Soir

N° 11.105

DH

Allemagne 1,30 DM ● Angleterre 35 p. ● Belgique 15 FB ● Canada 1 $ 10 ● Espagne 50 pes. ● Canaries 55 pes. ● Italie 600 lires ● Luxembourg 15 F lux. ● Pays-Bas 1,50 florin ● Suisse 1,10 F s. ● Maroc 1,80 dirham ● Tunisie 180 mil. ● Côte-d'Ivoire 220 F CFA ● Sénégal 225 F CFA ● Grèce 35 dr.

Paris, mardi 29 avril 1980 **2 F** ● *DERNIERE HEURE*

100, rue Réaumur, 75002 – Tél. 508-28-00

Eve va remplacer Michel aux « Rendez-vous du dimanche »

En acceptant la démission de son secrétaire d'État Cyrus Vance, connu comme une « Colombe »

CARTER choisit la force

La position des durs au sein de son gouvernement est renforcée

De notre corr. particulier

Louis FOY

WASHINGTON.

UNE « colombe » s'en va. Un « faucon » renforce ses positions. Telle est la première observation que l'on peut faire après la démission, lundi, du secrétaire d'Etat Cyrus Vance. Depuis trois ans et demi, Vance était le chef de la diplomatie des Etats-Unis. En dépit de l'aggravation continue de la crise iranienne, il continuait à préconiser une politique de modération et ne se résignait pas à l'agonie de la « détente ». Il n'a pas approuvé l'opération militaire de Tabas : il a décidé de s'en aller.

Du coup, à la Maison-

■■■ *Suite page 5*

LA CHRONIQUE DE JEAN DUTOURD

Attention à la contagion

IL y a dans la vie de Napoléon une anecdote instructive. Un jour, on lui donna à signer un décret nommant je ne sais qui ambassadeur je ne sais où. Le bonhomme, aux anges, sollicite une audience de l'empereur afin de le remercier.

« Mais dites-moi, s'écrie l'empereur en le voyant, vous n'êtes plus très jeune !

– Eh non, sire, réplique l'autre. J'ai longtemps piétiné dans les postes subalternes. Tous mes camarades sont passés devant moi. Je n'ai pas de chance.

– Ah ! vous n'avez pas de chance ? dit l'empereur en déchirant le décret. Eh bien, vous ne serez pas ambassadeur. Sortez. Je ne veux plus jamais vous revoir. »

L'histoire ne précise pas s'il fit les cornes avec l'index et le petit doigt de la main gauche sous son bureau empire, pour conjurer le mauvais sort qui était entré dans son cabinet avec le calamiteux personnage, mais il les fit, n'en doutons pas, étant latin.

Ce qui est le plus inquiétant dans l'équipée américaine en Iran, ce n'est pas tant son piteux résultat que la guigne qui s'attache au pauvre M. Carter. Un chef d'État qui a la guigne comme il l'a la flanque au pays qu'il gouverne, et de proche en proche à ses alliés. La guigne est une maladie contagieuse, une lèpre. On ne saurait trop prendre de précautions contre elle.

Le pire est que M. Carter aime sa guigne, qu'il la revendique. Qu'avait-il besoin de réveiller ses sujets à l'aube pour leur raconter sa déconfiture, et surtout pour déclarer qu'il assumait la responsabilité de tout ? Il fallait se taire, et si malgré tout la chose transpirait, casser une douzaine de généraux du Pentagone en les accusant sans vergogne d'incapacité. Ainsi eût agi un véritable homme d'État. Hélas ! M. Carter n'est qu'un honnête homme. Il mérite bien ses malheurs. L'inconvénient est que ses malheurs sont un peu les nôtres, que sa guigne traverse l'océan Atlantique à la vitesse du son, et que nous n'avons d'autre ressource, pour le moment, que de faire les cornes.

Jean DUTOURD
de l'Académie française

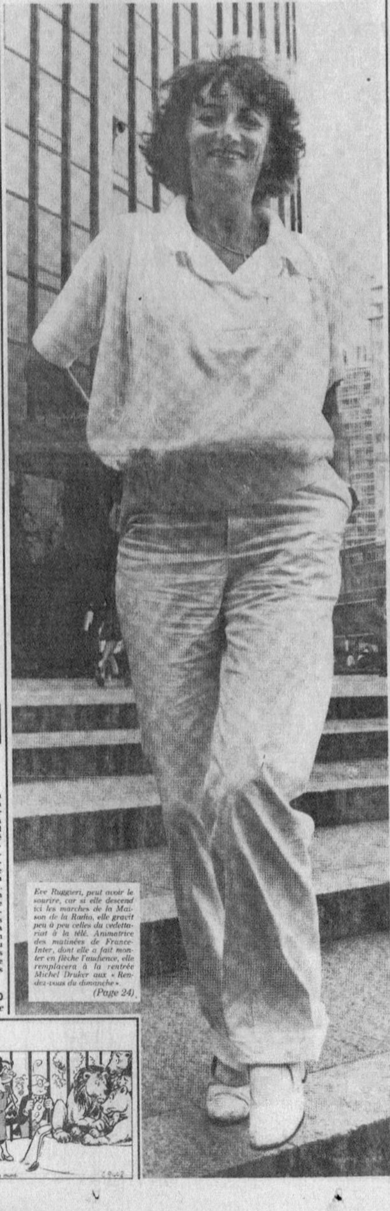

Eve Ruggieri, peut avoir le sourire, car si elle descend ici les marches de la Maison de la Radio, elle gravit peu à peu celles du vedettariat à la télé. Animatrice des matinées de France-Inter, dont elle a fait monter en flèche l'audience, elle remplacera à la rentrée Michel Druker aux « Rendez-vous du dimanche ».

(Page 24)

LE PROFESSEUR NIMBUS

Échec à Luxembourg

Le cyclone « Maggie » ravage l'Europe

De notre envoyé spécial

Gabriel FARKAS

CETTE fois-ci, c'est clair : c'est Margaret Thatcher, et elle seule, qui a fait capoter le sommet de Luxembourg.

Tard dans la soirée d'hier, les négociations continuaient. Mais au point où en étaient les choses, les Neuf ne pouvaient qu'aboutir à un constat de désaccord.

Vers 20 heures, le porte-parole de la délégation [...] Jacques Blot, a décl[...] peut dire, au stade a[...] les partenaires de la [...] Bretagne ont exploré [...] possibilités de compr[...] rivant à la limite de l[...] sité, pouvant exprime[...] lidarité avec la [...] Bretagne. »

« Devant la position [...] caractérisée par une [...] geance qui n'était po[...] nable, **il était consta[...] accord n'était plus p[...]**

▲▲▲ *Suite*

Simone Veil parle du Parlement européen

VOICI bientot un an – le 17 juillet 1979 – Simone Veil était élue président du Parlement européen. Le fonctionnement de cette assemblée toute neuve ne l'a absolument pas déçue mais elle estime qu'il lui faudra encore un certain temps pour lui permettre de donner toute sa mesure.

Le président, qui fait pour « France-Soir » le bilan de ces dix premiers m[...] vail, reconnait que [...] parlementaires s[...] voir les pouvoirs de [...] blée augmentés et [...] soit par la pratique [...] une modification d[...] Sans grande chance [...] se réalise car, di[...] Veil : « Comment [...] ment pourrait-il [...] des pouvoirs qu'il n[...]

○○○ *Suit*

Le temps prévu, mercre[...]

SOMMAIRE

8 pages de petites annonces *pages 10 à*

BOUVAR[D]

Ashraf s'en prend aussi à Carter

JIMMY CARTER n'a décidément pas de chance. La princesse **Ashraf** a pu reprendre en catastrophe à l'imprimeur les épreuves de « Visages dans un miroir », le livre qu'elle doit faire paraître le mois prochain afin de donner encore plus d'ampleur au chapitre dans lequel elle disait tout le mal qu'elle pensait de l'actuel président des Etats-Unis. Le commando améric[...] qué de la semaine [...] n'a, comme il fall[...] tendre, nullement [...] sœur jumelle du [...] ne passe pas plus [...] son fiasco qu'elle n[...] donnait le « lâcha[...] famille **Kurt Wal[...]** secrétaire général [...] tions unies, en pre[...] ment pour son gra[...]

●●● *Suite*

ADAME
RÉSIDENT
ne interview de
laude VINCENT

Simone Veil : « On ne voit pas comment le Parlement européen pourrait s'accorder des pouvoirs qu'il n'a pas »

Suite de la page 1

a une responsabilité ère du président, a nfié à Claude Vin- ne Veil. Dans les ue l'on tient, dit-elle, tude que l'on doit l faut trouver un entre la réserve et ment personnel.

du président à l'ex- du Parlement est celui de porte-parole. Veil s'applique alors ire état de ce qui est le vue de la majorité le ce qui est le point le l'opposition égale-

vail astreignant, les s de mise en route énorme machine po- les responsabilités, -vient entre Stras- Luxembourg font- tter son engagement ne le président ? Ab- pas. Si c'était à re- le le referait sûre-

ude VINCENT. – ne, voici bientôt un vous avez été élue ssemblée de Stras- et que vous êtes de- la présidente, ou comme on dit, le dent. Par rapport spoirs qu'avait sus- cette Assemblée, vous aujourd'hui te ou déçue ?

VEIL. – Je ne suis ent pas déçue. Je stefois qu'il faut en- certain temps pour pleinement conscience ilités de cette assem- qu'elle-même ait af- propre image. Elle a les écueils que l'on à l'avance. Elle se face. C'est nécessaire- z long, car c'est une qui s'avère tout à rente de celle qui l'a Petit à petit, elle on propre destin.

– Lorqu'on assiste éances, on a parfois ession d'un certain lisme et en même d'un certain désor- cela correspond-il à observation ?

– C'est tout à fait s deux à la fois. Nous enus à un très grand sme du fait de la tion des différentes t des traditions parle- diverses... Du fait avons six langues es, notre règlement ue tous les amende- us les documents qui utés à l'Assemblée tre traduits. Il y a rcément de longs és pour le dépôt des nents, car il faut ssent être traduits et avant le débat. Cela une lourdeur cer- l'impossibilité de ces e « dernière heure » tuent des solutions de s. De même, il a fallu mpte des traditions es, selon les uns et les la réglementation temps de parole peut ainsi comme un for- excessif ; elle est in- ble.

Effort de compréhension

anche, il y a un cer- ordre parce que les ns de notre règlement vent imprécises, par- se contradictoires, ce e lieu à des contesta- erties en séances.

J'ajouterai que, les parlements nationaux existant depuis longtemps, ils fonctionnent non seulement en application de leur règlement écrit, formel, mais aussi conformément à une tradition non écrite de procédures, simplifiées et adaptées qui sont acceptées de tous, parce qu'elles sont devenues le règlement. Or, ce n'est pas le cas chez nous.

C.V. – C'est une chose nouvelle, donc, qu'il y ait des députés de différentes nations, de neuf nations, élus au suffrage universel, qui se trouvent dans la même assemblée. Comment cette rencontre s'opère-t-elle ? Est-ce que les divisions en groupe sont plus importantes que les divisions nationales ?

S.V. – L'Assemblée européenne est organisée avec **des groupes politiques de différentes tendances,** exactement comme un parlement national. Les parlementaires siègent dans l'hémicycle, répartis par groupes politiques, et non par délégations nationales. Les positions prises au cours des débats sont **préalablement discutées** au sein de ces groupes.

C.V. – A l'intérieur de l'Assemblée, les affinités politiques sont-elles plus importantes que les affinités nationales ?

S.V. – Oui. Il y a, d'une façon générale, beaucoup plus d'homogénéité dans les votes parlementaires d'un même groupe politique, que par nationalité.

C.V. – On a pourtant l'impression, notamment pour les députés britanniques, qu'il y a entre eux une solidarité assez grande malgré les divisions partisanes.

S.V. – Sur certains sujets qui concernent les intérêts fondamentaux de tel ou tel pays, il se produit de façon spontanée **une réaction nationale** pour tous les parlementaires, quelle que soit leur nationalité.

C.V. – C'est vrai, pour les Français aussi ?

S.V. – C'est peut-être particulièrement vrai pour les Français et les Britanniques dans la mesure où certains de nos débats ont pour eux un enjeu national plus marqué.

C.V. – Les députés qui sont arrivés à Strasbourg l'année dernière avaient beaucoup de préoccupations nationales et je voudrais vous demander si, au contact de leurs collègues des autres pays, notamment à l'intérieur des groupes politiques, ils ont pris un esprit plus européen ?

S.V. – Je l'ai constaté dans le groupe dont j'ai l'occasion de fréquenter les réunions et je penses que c'est la même chose dans d'autres groupes. Il y a **des discussions pour la préparation des prises de position du groupe, où, forcément le point de vue des parlementaires n'est pas identique suivant qu'ils appartiennent à l'une ou l'autre nationalité.** C'est la discussion entre eux qui permet d'adopter une attitude en commun. Ce n'est pas toujours possible et l'on voit, dans certains débats, tel groupe ne pas avoir une position totalement homogène. Mais, dans d'autres cas, cette position unique se manifeste, grâce à cette discussion préalable où les uns auront fait **des concessions sur tel point et d'autres sur tel autre. Il y a toujours cet effort de compréhension réciproque entre les représentants de nationalités différentes qui permet d'ailleurs, lorsque les arguments invoqués par les parlementaires de telle nationalité sont solides, de les faire prendre en compte et défendre par l'ensemble du groupe politique.**

Besoins particuliers

C.V. – Le président a-t-il un rôle politique ?

S.V. – Les traités et le règlement du Parlement prévoient **un rôle politique très précis du président dans deux domaines.** Le premier est le **domaine budgétaire.** C'est le président du Parlement qui, au terme de la **procédure budgétaire,** constate que le budget général des communautés est arrêté et qui en assure la publication au Journal Officiel des communautés. C'est aussi lui qui conduit la délégation du Parlement lors des réunions de concertation budgétaire avec le conseil de ministres.

C.V. – Il s'agit bien du budget du Parlement européen ?

S.V. – Non. De celui de l'ensemble des communautés, comprenant le budget de toutes les institutions et activités communautaires, pas seulement du budget du Parlement.

D'autre part, le règlement prévoit expressément que **c'est le président qui représente le Parlement dans les relations extérieures** : représentation individuelle du parlement vis-à-vis de l'étranger mais également conduite des différentes délégations parlementaires, même si, par ailleurs, il est prévu une répartition des présidences de délégations entre les groupes politiques.

Théoriquement, le Président peut toujours présider une délégation lorsqu'elle rencontre une autre délégation parlementaire au sein de la Communauté ou à l'extérieur.

Enfin, le Président préside le Bureau élargi, organisme qui a de larges responsabilités politiques, notamment **la préparation de l'ordre du jour.**

C.V. – Considérez-vous que, techniquement, le Parlement européen fonctionne bien ?

S.V. – Ce Parlement a **des problèmes qui sont très spécifiques, difficiles,** et seules les années montreront dans quelle mesure ses moyens sont tout à fait adaptés à ses besoins. Le Parlement a des besoins très particuliers, parce qu'on y parle six langues, toutes considérées à égalité, avec ce que cela représente comme nécessité d'interprètes et de traducteurs. C'est une **charge excessivement lourde.**

C.V. – Il n'y a vraiment pas moyen de réduire le nombre de langues officielles ?

S.V. – C'est là un problème **politique qui est de la compétence du Conseil des Ministres.** On a admis dans la Communauté que toutes les langues étaient sur un pied d'égalité et nous devons donc travailler en tenant compte de cette opération.

Sur près de 2.000 fonctionnaires qui travaillent au Parlement, la majorité est composée d'interprètes et de traducteurs.

Simone Veil : « Il y a une difficulté particulière pour le président de l'Assemblée européenne : il doit à la fois respecter une certaine réserve, tout en assumant un engagement personnel. »
Photo FRANCE-SOIR (Lucien Jacquinot)

« Nous avons à imposer notre image de marque, nous avons à nous faire connaître »

A l'hôtel

A ces sujétions s'ajoute celle d'avoir des lieux de travail qui ne sont pas unifiés. Pour l'instant, l'Assemblée se réunit en séance plénière à Strasbourg mais les fonctionnaires sont en principe domiciliés, travaillent, ont leur bureau à Luxembourg. Et les commissions se réunissent à Bruxelles.

C.V. – Dans l'ensemble, vos collègues sont-ils contents d'être à Strasbourg ?

S.V. – **Strasbourg est une ville très agréable,** et nous allons y disposer très prochainement du bureaux bien installés qui vont, je crois, faciliter le travail de tous les parlementaires. Mais **aucune décision n'a encore été prise sur le lieu de travail unique,** ce qui complique beaucoup le travail des parlementaires comme celui des fonctionnaires.

C.V. – Vous, Madame, vous n'êtes pas installée d'une manière permanente à Strasbourg ?

S.V. – En réalité, **le Parlement ne siège à Strasbourg qu'une semaine pas mois.** Naturellement, pendant cette semaine, j'y suis complètement. Mais pour le reste du temps, je me rends parfois à Luxembourg pour avoir un contact avec le secrétariat général et **je souhaiterais me rendre davantage à Bruxelles** pour rencontrer les parlementaires lorsqu'elles y sont pour le travail en commission. Je me rends par ailleurs souvent dans différents pays, notamment de la Communauté.

C.V. – Pendant la semaine où le Parlement siège à Strasbourg, vous avez une résidence officielle ?

S.V. – Non, je suis à l'hôtel.

C.V. – A propos de ce mot de « Parlement » que vous avez employé et que j'ai repris à votre suite, il a fait l'objet d'une querelle. Est-il maintenant définitivement officialisé ?

S.V. – L'appellation officielle du Traité, c'est simplement **« Assemblée ».** Mais j'ai trouvé un usage très établi qui fait que, s'agissant de drapeau – car le parlement européen a un drapeau – de la vaisselle qui a été commandée par des prédécesseurs, du papier à lettres, **partout on trouve les termes de « parlement européen »,** ou « European Parliament » en anglais et, donc, les initiales P.E. figurent partout.

C.V. – M. Debré a-t-il fini par se résigner à cette appellation ?

S.V. – **Je pense que M. Debré est resté fidèle à ses principes et qu'il parle toujours d'Assemblée.** Moi-même d'ailleurs, je dois dire que, pour éviter une querelle d'ordre institutionnel, j'emploie **tout à fait indifféremment les termes d'« Assemblée » ou de « Parlement »,** estimant qu'il ne faut surtout pas y accorder un contenu juridiquement particulier.

Je voudrais souligner que les Britanniques, qui ont une conception très stricte de l'interprétation des traités, emploient le terme « Parlement » sans que cela paraisse leur poser des problèmes.

C.V. – Avez-vous eu le sentiment, à certains moments que le Parlement essayait d'aller au-delà des pouvoirs définis par le Traité ?

S.V. – **Il y a des parlementaires qui sont partisans d'un Parlement ayant des pouvoirs plus larges et qui souhaiteraient voir ses compétences élargies soit par une pratique qui serait admise par les gouvernements,** soit même par une modification des traités. C'est certain. D'ailleurs, ces parlementaires n'en font pas mystère. **Mais on ne voit pas très bien comment le Parlement, proprio motu, pourrait s'accorder des pouvoirs qu'il n'a pas** : s'il décidait de voter une résolution dans un domaine excédant manifestement sa compétence, les gouvernements n'en tiendraient pas compte.

C.V. – Donc, les craintes formulées l'année dernière par certains de vos concurrents en France étaient mal fondées. Vous avez eu vous-même à y veiller ?

S.V. – Dans certains cas oui, parce que, pour ma part, j'estime qu'il n'est pas opportun ni souhaitable, même pour l'image du Parlement, qu'il prenne des positions dans certains domaines, qui ne seraient pas de sa compétence, ou des initiatives excédant ses attributions.

Contacts gouvernementaux

C.V. – Comment êtes-vous reçue à l'étranger lorsque vous vous y trouvez officiellement en tant que président du Parlement européen ?

S.V. – Ma situation est tout à fait différente de celle d'un président de Parlement national, rendant visite à un autre président de Parlement. En effet, outre les contacts avec les présidents des Parlements nationaux et les responsables des partis politiques, **j'ai des entretiens avec les responsables gouvernementaux sur les problèmes concernant la Communauté,** puisque les activités du Parlement européen concernent directement la vie politique de chacun des neuf pays de la Communauté.

C.V. – On a beaucoup remarqué la façon dont vous avez été reçue à Washington par le président des Etats-Unis...

S.V. – Les Etats-Unis se sont toujours intéressés à la Communauté et en particulier à l'élection au suffrage universel du Parlement européen. C'était pour eux **le signe d'une véritable démocratisation des institutions européennes.**

C.V. – A l'occasion de ce voyage, vous avez fait des déclarations sur le boycottage des jeux Olympiques qui n'ont pas plu à tout le monde. A ce propos, avez-vous le droit de parler au nom de l'Assemblée ? Devez-vous observer une réserve particulière ?

S.V. – D'une façon générale, je me sens **tenue à une très grande réserve.** Mais en ce qui concerne les jeux Olympiques, il s'agissait d'une question sur laquelle le Parlement avait adopté une résolution. C'est donc en exprimant **à la fois le point de vue de la majorité,** que je partageais personnellement, **mais en précisant qu'il y avait eu aussi un point de vue minoritaire,** que j'ai pu m'exprimer aux Etats-Unis. Je fais toujours attention, lorsque je parle au nom du Parlement, de faire état de ce qui est le point de vue de la majorité mais de préciser également celui de la ou les minorités.

Assiduité remarquable

C.V. – Vos rapports avec les parlementaires français des différents partis à Strasbourg sont-ils plus proches, plus cordiaux ou, au contraire, moins cordiaux, que ceux que vous avez avec les autres députés ?

S. V. – Parmi les parlementaires français, il y en a un certain nombre que je connaissais personnellement ; dans l'ensemble, j'avais **de bons rapports avec eux,** quel que soit le groupe politique auquel ils appartiennent. J'ai **conservé les mêmes relations.** D'une façon générale les relations individuelles sont très cordiales au Parlement européen et plus détendues entre parlementaires des différents groupes qu'à Paris.

La difficulté est d'arriver à connaître les 410 parlementaires. Je rencontre souvent ceux qui siègent au bureau, également les présidents de commissions, les autres, moins. Occupée par la présidence ou retenue dans mon bureau à recevoir des délégations ou des personnalités des 9 nationalités de la Communauté ou encore d'autres pays, je n'ai guère de temps pour des contacts personnels avec les parlementaires, ce que je regrette beaucoup.

C. V. – Sont-ils assidus ?

S. V. – **Il y a une assiduité tout à fait remarquable,** beaucoup plus que dans l'ancienne Assemblée dont les membres, parlementaires nationaux, avaient tous un double mandat. D'une façon générale, **l'assiduité est beaucoup plus grande lorsque les députés se consacrent exclusivement au Parlement européen.** A cet égard, il faut souligner l'assiduité de l'ensemble des Britanniques qui ne font que cela et qui sont là tout le temps.

C. V. – Ce n'est pas le cas des Français ?

S. V. – Ça dépend. Il y en a qui sont **très assidus.** D'autres le sont moins. Mais parmi ceux qui ont un double mandat, il y en a – et je me demande d'ailleurs comment ils font – qui sont très présents.

C.V. – Par rapport aux responsabilités que vous avez exercées antérieurement à Paris, notamment en qualité de ministre de la Santé, comment jugez-vous celles-ci ? Sont-elles plus lourdes, plus utiles et êtes-vous contente ?

S. V. – **C'est très difficile de comparer** parce que c'est tout à fait différent. Je dirai que pour moi, ces fonctions sont **à la fois plus lourdes et moins astreignantes. Le travail de dossier est moins astreignant.** Il n'y a pas une grosse administration à gérer comme dans un ministère, beaucoup de courrier, des dossiers difficiles à étudier rapidement. Mais, en même temps, le sentiment de responsabilité et d'isolement est parfois plus pesant, notamment pendant les périodes de session.

Compte tenu du règlement actuel, **il peut toujours y avoir des incidents de séance qui empêchent un déroulement normal des débats.** C'est très mauvais pour l'image de l'Assemblée et très difficile pour la personne qui assume la présidence, que ce soit le président ou l'un des vice-présidents. Or, le plus souvent, ces incidents sont imprévisibles et incontrôlables. Il faut trouver un équilibre entre l'autorité nécessaire et une certaine souplesse : il est nécessaire d'avoir des réactions très rapides, adaptées au climat de la séance.

En plus, il y a **une difficulté particulière pour le président** : il doit à la fois respecter une certaine réserve, tout en assumant un engagement personnel.

Quand je parle d'engagement personnel, je précise que le Parlement européen a **un problème particulier que n'ont pas les autres Parlements** : nous avons à imposer notre image de marque. Nous avons en quelque sorte à nous faire connaître.

Au sein de la Communauté, cette image se crée petit à petit, par le travail des parlementaires. Mais, en dehors de la Communauté, comme je l'indiquais tout à l'heure, le président a la responsabilité d'être le **porte-parole privilégié du Parlement.** Et comment faire connaître une institution sans s'engager ? C'est là un de mes problèmes.

C.V. – Dernière question : si c'était à refaire, le referiez-vous ?

S.V. – Oui, sûrement.

France-Soir Nº 11.105
résident fondateur
obert SALMON
Directeur général
1949-1972
ierre LAZAREFF
Directeur général
Rédacteur en chef
Paul WINKLER
Rédacteurs en chef
TELLIER-Richard LISCIA
ecteur de la gestion
acques HERSANT
E PRESSE ALLIANCE
FRANCE-SOIR »
Réaumur 75080 PARIS
02 C.C.P. Paris 7995-18
éléphone 508.28.00
nuscrits insérés ou non
es ne sont pas rendus
ssion paritaire No 21.176
IMPRIMERIE RÉAUMUR
100, rue Réaumur
75002 PARIS
Travail exécuté par
des ouvriers syndiqués
PUBLICITÉ
PETITES ANNONCES
100 - 104, rue Réaumur
75002 PARIS
Louis GILLET
Renseignements : 508.28.00
Réception par téléphone 233.44.31
Télex 210
Télex 210898 Frasoir - PARIS
Directeur de la publication : Paul WINKLER
BONNEMENTS
00, rue Réaumur
50 PARIS Cedex 02
ns TEL. 508.28.00
postes 2987 ou 7594

	TARIFS FRANCE départements d'outre-mer	ETRANGER
	50 F	80 F
	125 F	210 F
	240 F	390 F
	480 F	760 F

Tarifs avion sur demande
Règlement par chèque, mandat ou virement postal à notre
C.C.P. Paris 7995-18
Pour l'exécution de votre ordre, ainsi que pour tout changement d'adresse définitif ou provisoire, veuillez prévoir un délai de 10 jours en plus du délai normal d'acheminement postal
Distribué en Espagne par S.G.E.L. REG. IMP No 31

Nicole DARCY
Votre horoscope

MERCREDI 30 AVRIL

BÉLIER (21 mars-20 avril)
Pleine Lune aujourd'hui. Elle ne vous concerne pas beaucoup. Mais ce qui vous concerne c'est l'abandon de Mercure qui va passer dans un autre signe. Aussi, réglez toutes les questions d'ordre pratique. Les autres sont aussi favorisées.

TAUREAU (21 avril-21 mai)
La pleine Lune de 9 h 34 (heure française) ne vous veut pas du bien, vu qu'elle se forme entre votre signe et votre signe opposé mais complémentaire, le Scorpion. Aussi, auriez-vous intérêt à vous dominer. Ça ira bien mieux très bientôt.

SI CE JOUR EST CELUI DE VOTRE ANNIVERSAIRE, cette année vous promet beaucoup de satisfactions. Travail ? Vous prendrez des initiatives judicieuses et vous améliorerez votre situation matérielle. Sentiments ? Des joies. Créativité.

GÉMEAUX (22 mai-21 juin)
Assez bonne journée. Etablissez des contacts. Négociez mais, surtout, mettez à jour votre travail. Rentrées d'argent mais soyez raisonnable et parcimonieux. Les amours ? Comme on n'en fait pas ! Les amitiés aussi.

CANCER (22 juin-22 juill.)
Une de ces pleine lunes ! On en redemanderait... Ça vous met du baume dans le cœur, ça vous rend optimiste, plus courageux, plus constructif. Vous avez bien raison car, dans deux jours, votre situation s'améliorera nettement.

LION (23 juill.-23 août)
Bien que très favorisé, vous êtes parmi ceux qui pourraient être contrariés par la pleine Lune. Aussi, faites preuve de patience, dominez-vous et réglez les questions en instance. Valables, les amis, belles les amours.

VIERGE (24 août-23 sept.)
Vous êtes parmi les élus de la pleine Lune. Non seulement vous promet-elle une journée particulièrement agréable, et constructive mais elle vous annonce des lendemains heureux. Invité ? Acceptez. Vous ne le regretterez pas.

BALANCE (24 sept.-23 oct.)
Peu concerné par la pleine Lune. Aussi, profitez-en pour mettre votre travail à jour, rencontrer vos amis, cultiver vos relations sociales, vous mettre en valeur. Les amours ? Il y a du mariage dans l'air. Assez bonne soirée.

SCORPION (24 oct.-22 nov.)
Vous aussi, vous êtes particulièrement concerné par cette pleine Lune de 8 h 34 (heure française) qui se forme entre votre signe et votre signe opposé mais complémentaire : le Taureau. Elle n'arrange pas l'état de vos nerfs. Dominez-vous.

SAGITTAIRE (23 nov.-21 déc.)
Assez bonne journée. Votre travail vous promet des satisfactions. Occupez-vous sans plus tarder. Ecoutez votre intuition et négociez. Evitez les frais inutiles. Les amours ? Vous êtes si entreprenant...

CAPRICORNE (22 déc.-20 janv.)
Extra, la pleine Lune. Elle vous rend dynamique et contructif et vous promet des tas de bonnes choses dans tous les domaines. Faites-lui confiance. Faites aussi confiance à l'être cher, montrez-vous prévenant. Excellente soirée.

VERSEAU (21 janv.-18 févr.)
Dure, la pleine Lune. Et pourtant, c'est le jour « J » : ne laissez plus rien en instance côté travail, même s'il vous en coûte vous obtiendrez des résultats appréciables. Valables, les amis ; favorisées, les amours.

POISSONS (19 févr.-20 mars)
Votre Soleil se lève avec cette pleine Lune qui vous favorise, vous donne du tonus et de l'optimisme. Vous ferez le reste et vous gagnerez la partie. Les amours ? Tout peut s'arranger grâce à cette pleine Lune. Excellente soirée.

Les mots croisés « deux vitesses »

PAR ROGER LA FERTÉ
Problème nº 1.686

DIFFICILE

1686	1	2	3	4	5	6	7	8	9
I									
II								■	
III					■		■		
IV		■		■					
V									■
VI		■			■	■		■	
VII									
VIII			■						
IX							■		

HORIZONTALEMENT. – I. Son opinion dépend du temps. – II. Sont difficilement prévisibles. – III. Perçu. A des gestes lents. – IV. Monnaie d'échange. – V. Réserve de lait. – VI. Sur la Rose des Vents. – VII. Imprévue. – VIII. Lac du Soudan. A un grand pouvoir de séduction. – IX. Greffées. A droit à une médaille d'or.

VERTICALEMENT. – 1. Est servie dans sa gelée. – 2. Espèce de bugle. Refus. – 3. Est dépourvue de tout réalisme. – 4. Pièce du Nord. Méchant et injuste. – 5. Sont plus ou moins suivis. Est coté en bourse. Couleur de robe. – 6. République soviétique. Légumineuses. – 7. Dans le tas. Mordant. – 8. Période de l'Histoire. Grande école. – 9. Laisse le fond. Près d'Alençon.

NORMAL

HORIZONTALEMENT. – I. Se met toujours dans la bonne direction. – II. Sont abondantes et subites. – III. Erigé. Mammifère d'Amérique du Sud. – IV. Malheureux gage. – V. Elève naturellement ses enfants. – VI. Points cardinaux. – VII. Inattendue. – VIII. Drame du Japon. Appareil sonore. – IX. Assemblées par une entaille. Le plus fort dans sa spécialité.

VERTICALEMENT. – 1. Charcuterie. – 2. Plante à fleurs jaunes. Réponse négative. – 3. Vit souvent dans un autre monde. – 4. Monnaie de Suède. Mauvais cheval. – 5. Coutumes. A ses chercheurs. Oiseau à longue queue. – 6. Pays balte. Sont voisins des vesces. – 7. Lettre russe. Dur et tranchant. – 8. Vieux. Forme des administrateurs. – 9. Soutire du vin. Evêché de l'Orne.

Solution demain

Solution du problème numéro 1.685

HORIZONTALEMENT
I. Jouisseur. – II. Trituré. – III. Sole. Ost. – IV. TB. Mu. I. – V. Isis. Tact. – VI. Celte. Mar. – VII. Ile. Troie. – VIII. Elseneur. – IX. Ré. Pagres.

VERTICALEMENT
1. Justicier. – 2. Oiselle. – 3. Utilités. – 4. Ire. St. Ep. – 5. Si. Etna. – 6. Stout. Rég. – 7. Eus. Amoure. – 8. Urticaire. – 9. Ré. Atre.

« C'est à travers l'éducation, celle des garçons comme celle des filles, que, petit à petit, les mentalités changeront. »

Congrès européen de l'Association française des femmes juristes, les 20-21 septembre 2002, publié dans Simone Veil, *Mes combats*.

10 RETOUR AVENUE DE SÉGUR

Quatorze ans après l'avoir quitté, Simone Veil retrouve le ministère de la Santé de l'avenue de Ségur, quand le Premier ministre, Édouard Balladur, à qui elle refuse d'abord le ministère de la Justice, lui propose de revenir dans un ministère qu'elle connaît bien.

Le 31 mars 1993, Simone Veil est nommée ministre d'État, ministre des Affaires sociales, de la Santé, et de la Ville. À ce titre, elle est aussi ministre de l'intégration, de la famille, du handicap, de la Sécurité sociale, du droit des femmes. C'est Simone Veil elle-même qui demande que la politique de la ville lui soit rattachée, parce qu'elle est convaincue que les sujets sociaux et d'intégration y sont bien plus graves que les sujets d'urbanisme, ce que peu de gens pensent alors.

En mars 1993, alors qu'Édouard Balladur est Premier ministre et François Mitterrand toujours président de la République, Simone Veil entre à nouveau au gouvernement avec le titre de ministre d'État et le même portefeuille, auquel elle demande d'ajouter celui de la Ville.

Elle n'y restera que 24 mois, mais, comme elle l'écrira dans une préface[68], elle se montre fière du travail accompli.

Ci-contre, haut :
Le 31 mars 1993, Simone Veil arrive au ministère entre Bernard Kouchner, qui fut ministre de la Santé et de l'Action humanitaire dans le gouvernement Bérégovoy jusqu'au 30 mars 1993, et Philippe Douste-Blazy, ministre délégué auprès du ministre d'État, ministre des Affaires sociales, de la Santé et de la Ville, chargé de la santé de 1993 à 1995.

Ci-contre, bas :
Le 2 avril 1993, le gouvernement Balladur au grand complet. On n'y compte que trois femmes ministres : Simone Veil, Michèle Alliot-Marie et Lucette Michaux-Chevry.

Pour toutes les réformes qu'elle a menées à bien, elle a privilégié comme à son habitude « l'efficacité plutôt que l'affrontement », sans oublier les nombreux déplacements sur le terrain « en écoutant les Français ».

La liste de ses actions, si elle n'est pas spectaculaire, témoigne de nombreuses avancées ; la plupart portent sa marque, celle qui consiste à se placer du côté des victimes, des laissés-pour-compte, des femmes et des familles.

À son crédit, les lois de bioéthique de 1994, la lutte contre la toxicomanie et le sida, la prévention des contaminations (échanges de seringues, préservatifs à 1 franc, produits dits « de substitution » comme la méthadone), le remboursement par la Sécurité sociale de la péridurale, certaines mesures de politique familiale, le bénéfice de la Sécurité sociale pour les détenus.

Un an après la création du Conseil national pour l'intégration des populations immigrées (CNIPI), en mai 1994, Simone Veil annonce un ensemble d'initiatives. Clairement, la ministre des Affaires sociales axe ses actions sur les femmes, pour les aider « à jouer leur rôle dans l'intégration ». Ainsi, 1 500 d'entre elles pourront bénéficier d'un apprentissage rapide du français, grâce à un crédit de 200 heures de formation à utiliser dans les deux ans. Dans 15 départements pilotes, des associations – notamment celles qui se consacrent à l'information sur les droits des femmes immigrées – seront sélectionnées et recevront des financements. Des centres d'hébergement d'urgence et de soutien social ouverts aux jeunes filles ou femmes soumises à des violences seront créés dans quatre régions prioritaires[69].

Cette annonce prend place au moment où Charles Pasqua, ministre de l'Intérieur et de l'Aménagement du territoire, tient un discours ferme sur la maîtrise de l'immigration et le problème des banlieues, ce qui provoque une vive tension entre les deux ministres. La ministre centriste se démarque nettement des positions répressives de son collègue qui vont dans le sens d'un durcissement général des conditions d'entrée et de séjour des étrangers sur le territoire.

La presse relève la faiblesse des moyens mis en œuvre par Simone Veil. Certes les cours d'alphabétisation sont utiles pour l'intégration des femmes immigrées, mais elles seront trop peu nombreuses à pouvoir en bénéficier. Quant à l'indemnité qu'elles pourraient recevoir pour faire garder leurs enfants pendant leurs heures de cours, elle n'est prévue que pour quelques départements.

On aime la photographier, la belle soixantaine, dans ses nombreux déplacements – au moins 35 – dans les quartiers les plus difficiles, contre l'avis des préfets qui craignent des incidents et qui auraient préféré, selon elle, la voir déjeuner avec des notables. Au contraire, Simone Veil a l'impression que les gens sont sensibles à sa présence et à son écoute. Ses visites sur le terrain se doublent de rencontres et d'échanges avec les parties prenantes, de recherches de solutions innovantes, comme avec les femmes-relais des quartiers qui accompagnent leurs voisines chez le médecin, à l'école, aux caisses d'allocations familiales, à la mairie, chez l'assistante sociale, ou pour rencontrer les professeurs de leurs enfants.

Ci-contre, haut : Simone Veil rencontre les habitants de la cité des 4000 à La Courneuve (Seine-Saint-Denis), le 27 mai 1994.

Lors d'un de ses déplacements dans les quartiers défavorisés à Marseille, l'envoyé spécial du journal *Le Monde* raconte : « il n'est pas besoin de s'appeler Bernard Tapie pour déclencher la liesse des quartiers populaires du nord de Marseille. Sans taper dans un ballon, sans rien promettre, pas même une subvention, Simone Veil a conquis les trois cités qu'elle a visitées, lundi 11 juillet [1994], sous un soleil de plomb ». Très à l'aise, Simone Veil « s'assoit au milieu d'une trentaine de femmes, maghrébines pour la plupart, aux tenues chamarrées et au parler franc coloré d'accent marseillais. Groupées en associations, elles sont en guerre contre la drogue et le sida, qui commencent à faire des ravages dans les cités où "il n'y a aucun avenir pour nos enfants"[70] ».

Ci-contre, bas : Simone Veil en visite à la cité de la Castellane, dans les quartiers nord de Marseille, le 11 juillet 1994, se fait expliquer par les jeunes leur quotidien et leurs difficultés.

À l'occasion de la Journée de la femme, le 8 mars 1995, Simone Veil a souhaité l'organisation d'une Rencontre nationale. On note la présence de Roselyne Bachelot, future ministre de la Santé, de la Jeunesse et des Sports sous la présidence de Nicolas Sarkozy de 2007 à 2010. Et de Nicole Notat, secrétaire générale de la CFDT (ici, Programme de la Rencontre nationale des femmes, Paris, Sorbonne, 8 mars 1995).

Cet article se poursuit avec la rencontre de la ministre avec Zoubida Meguenni, présidente d'association : « Pour les femmes issues de l'immigration, vous représentez beaucoup. » Et de rapporter les propos de Simone Veil au moment de quitter Marseille, saluant « une atmosphère de fraternité assez formidable grâce au travail associatif ». Il y a des jours où le métier de ministre des banlieues n'est pas si déprimant[71].

Dans le droit fil de son action au temps de l'administration pénitentiaire, Simone Veil réussit à placer la médecine pénitentiaire sous l'autorité du ministère de la Santé en la retirant au ministère de la Justice. Par ailleurs, dans le domaine de

Atelier 2

Questions de temps
la famille,
le travail,
les autres

Animé par Alain Bedouet, France Inter et Rose-Marie Van Lerberghe, Directeur général des relations humaines du Groupe Danone*

Avec les interventions de :
- **Hubert Brin***, Vice-président de l'UNAF
- **Richard de Follin,** Directeur des ressources humaines, 3 Suisses - France
- **Annie Gauvin,** Expert européen "femmes dans l'emploi", Commissariat Général du Plan
- **Philippe de Lavergne,** Directeur délégué, Société Fere Consultant
- **Béatrice Ouin,** Déléguée femmes de la CFDT
- **Marie-Thérèse Pierra,** Déléguée régionale, Droits des femmes
- **Gabrielle Rolland,** Vice-présidente, Institut européen du leadership

Atelier 3

Question de pouvoir
l'économie,
la politique,
les hommes

Animé par Ruth Elkrief, TF1/LCI et Olivier de Rincquesen, Europe 1.

Avec les interventions de :
- **Roselyne Bachelot-Narquin,** Député
- **Sabine de Béthune,** Coordinatrice européenne "femmes dans la prise de décision"
- **Chantal Cumunel,** Secrétaire Générale de la CGC
- **Gérard Demuth,** Président, Cofremca France
- **Anne Duthilleul-Chopinet,** Conseiller du directeur planification stratégique, GEC Alsthom
- **Françoise Gaspard,** Expert européen "femmes dans la prise de décision"
- **Gisèle Halimi,** Avocate, écrivain
- **Anne-Marie Idrac,** Directeur des transports terrestres
- **Paulette Laubie,** Présidente Vincara, présidente, Association "Conseil européen femmes, entreprises et commerce"
- **Jacqueline Laufer,** Professeur, Groupe HEC expert européen à l'égalité professionnelle
- **Geneviève Maupas,** Déléguée régionale, Droits des femmes
- **Maryse Prigent,** Directeur des relations sociales France, Groupe AGF
- **Éric Tong Cuong***, Président, Euro RSCG/Babinet/Tong Cuong

14h00/18h00

14h00
Accueil des participants

14h30
Ouverture

Hélène Gisserot,
Procureur général près la Cour des Comptes,
Coordinatrice nationale
4ème Conférence mondiale sur les femmes

14h45 / 17h30
Séance plénière

Animée par Dominique Bromberger et Catherine Jentile, TF1.

Débat entre les grands témoins des ateliers :
- **Roselyne Bachelot-Narquin,**
- **Souad Benani,**
- **Hubert Brin,**
- **Éric Tong Cuong,**
- **Rose-Marie Van Lerberghe,**
- **Marie-Claude Vayssade,**

et :
- **Hanifa Cherifi,** Directrice, Association "Antinéa"
- **Jean-Baptiste de Foucauld,** Commissaire au Plan
- **Jean Gandois,** Président du CNPF
- **Michèle Gendreau-Massaloux,** Chancelier des universités de Paris, Recteur de l'Académie de Paris
- **Antoine Jeancourt-Galignani,** Président, Groupe AGF
- **Nicole Notat,** Secrétaire Général de la CFDT
- **Christine Ockrent,** Directeur de la rédaction "l'Express"
- **Christiane Scrivener,** Ancien Ministre, ancien parlementaire et commissaire européen
- **Simone Veil,** Ministre d'État, Ministre des Affaires sociales, de la Santé et de la Ville

17h30
Conclusions

Simone Veil,
Ministre d'État,
Ministre des Affaires sociales,
de la Santé et de la Ville.

Seules les personnes préalablement inscrites pourront avoir accès aux salles.

**Cette invitation personnelle sera exigée à l'entrée.
RSVP le bulletin joint**

Double-page suivante : En 1993, soucieuse de la santé de toutes les femmes et du respect de leur intégrité physique, Simone Veil met en place des actions de prévention des mutilations sexuelles. Documents du ministère des Affaires sociales, de la Santé et de la Ville, 1993.

la politique de la famille, elle cherche à favoriser la conciliation entre vie familiale et vie professionnelle : l'allocation parentale d'éducation est étendue au deuxième enfant par la loi du 25 juillet 1994, qui ouvre le droit au congé parental aux entreprises de moins de 100 salariés ; un programme de création de 100 000 crèches est lancé.

Chargé de mission auprès de Simone Veil entre 1993 et 1995, après avoir été le directeur adjoint de son cabinet entre 1978 et 1979, Bertrand Fragonard confirme la permanence de son engagement : « Le premier principe de Simone Veil, c'est le principe de réalité [...] Deuxième principe, des ambitions. C'est le cas notamment en matière familiale. Elle était très attentive à des populations dont on parle peu[72]. »

Le Ministre d'Etat,
Ministre des Affaires Sociales,
de la Santé et de la Ville

République Française

Paris, le 25 OCT. 1993

N/Réf. : CAB BPG/FM

Madame la Présidente,

C'est avec une attention particulière que j'ai pris connaissance de votre courrier.

Comme j'ai déjà eu l'occasion de l'affirmer l'accès des femmes à leurs droits est l'une des priorités de la politique que je mène en matière d'intégration. Le droit à l'intégrité physique en est une des composantes essentielles.

S'agissant des pratiques traditionnelles affectant la santé des femmes et contraires à nos valeurs et notre droit, s'il est vrai que le rappel à la loi et la répression des délits sont nécessaires, le développement d'une prévention efficace est indispensable pour mettre un terme à ces pratiques.

Et je vous rejoins sur la nécessité d'encourager les professionnels de santé à parler de l'excision à l'occasion d'un examen prénatal ou d'un examen pédiatrique.

Cela suppose en effet que les formations des personnels de santé et des personnels sociaux abordent ces questions.

A cet effet, j'ai demandé à mes services d'étudier la possibilité d'inclure dans les formations un module sur la prévention des mutilations sexuelles.

La prévention est aussi évidemment l'affaire d'associations comme la vôtre dont je connais le sérieux et l'efficacité et dont je souhaite aider à développer les programmes d'intervention sur les départements particulièrement concernés.

.../...

8, Avenue de Ségur 75350 Paris 07 SP - Tél. 40 56 60 00

MINISTERE DES AFFAIRES SOCIALES,
DE LA SANTE ET DE LA VILLE

Service des Droits des femmes

Bureau des Droits Propres
Affaire suivie par : M-A. MAMY/FS
Poste 454
Réf. mamy/MUTSEXCA
CAB N° 443

COURRIER ARRIVÉ LE : 27 DEC. 1993
Nom : Bertrand Pierre GALEY
Conseiller Technique
N° : 30437
Transmis à :
Le

Paris, le 24 DEC. 1993

NOTE

pour Monsieur le Directeur de Cabinet

à l'attention de Monsieur GALEY
Conseiller Technique

OBJET : Prévention des mutilations sexuelles – Compte rendu de réunion du 2 décembre 1993 – Programme de travail.

P.J. : 1

Madame le Ministre d'Etat a souhaité qu'une véritable politique de prévention des mutilations sexuelles se développe. Dans cette perspective un groupe de travail s'est réuni le 2 décembre. Il a entendu le docteur Marie-Hélène FRANJOU, Présidente du GAMS.

Les expériences déjà menées –dans certains lieux avec un succès important, mesurable– montrent la nécessité d'un travail dans la durée et appuyé sur des relais compétents et bien implantés localement.

Les PMI paraissent des lieux particulièrement adéquats pour le contact avec les familles. D'autres organismes peuvent aussi être utiles : centres sociaux, foyers de travailleurs, Cidf, école, etc.

Les PMI dépendent des conseils généraux, aussi le contact devrait-il être établi au niveau de chaque préfecture (DDASS et/ou Droits des Femmes).

.../...

(1) 47 70 41 58
31, rue Le Peletier – 75009 PARIS
Télécopie : (1) 42 46 99 69

« Les politiques visant à promouvoir la place et le rôle des femmes ne sauraient être isolées des grandes orientations de la politique gouvernementale dont elles font partie intégrante. »

Discours de Simone Veil, devant le comité national de préparation de la conférence de l'ONU sur les femmes, le 20 décembre 1993.

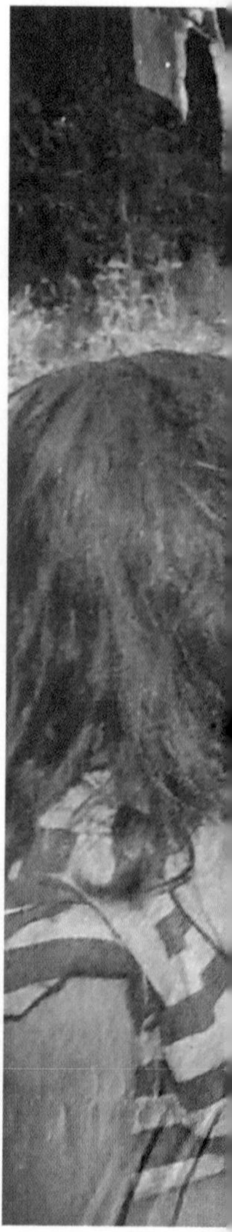

Après la loi sur l'adoption en 1966 et le sort des enfants confiés à l'Assistance publique en 1978, Simone Veil s'empare d'un sujet épineux, celui de la prévention des abus sexuels. À l'issue de la journée d'étude sur cette problématique, le 18 mars 1994, Simone Veil ne cache pas sa satisfaction : « Je suis heureuse d'être parmi vous pour clôturer cette journée consacrée à la prévention des abus sexuels envers les enfants et au lancement du programme "Espace de parole-Espace protégé". De longue date, la question des abus sexuels envers les enfants me préoccupe tout particulièrement. Pendant très longtemps, notre société s'est refusée à aborder ce problème, à en parler et donc à le combattre. Trop souvent, les enfants étaient accusés d'avoir une imagination débordante et n'étaient pas entendus. Leur problème était nié, occulté, et les enfants victimes étaient plongés dans un isolement total. Blessés au plus profond d'eux-mêmes, ils devenaient coupables. Il arrive encore qu'à l'école ou ailleurs, l'enfant qui a osé en parler, soit mis en quarantaine. Je voudrais d'ailleurs être certaine que tout cela appartient au passé[73]. »

Force est de constater que Simone Veil n'abandonnera aucun des sujets qui lui tiennent à cœur. Les années passent, elle gagne en popularité, et rien ni personne ne la fait dévier de ses convictions.

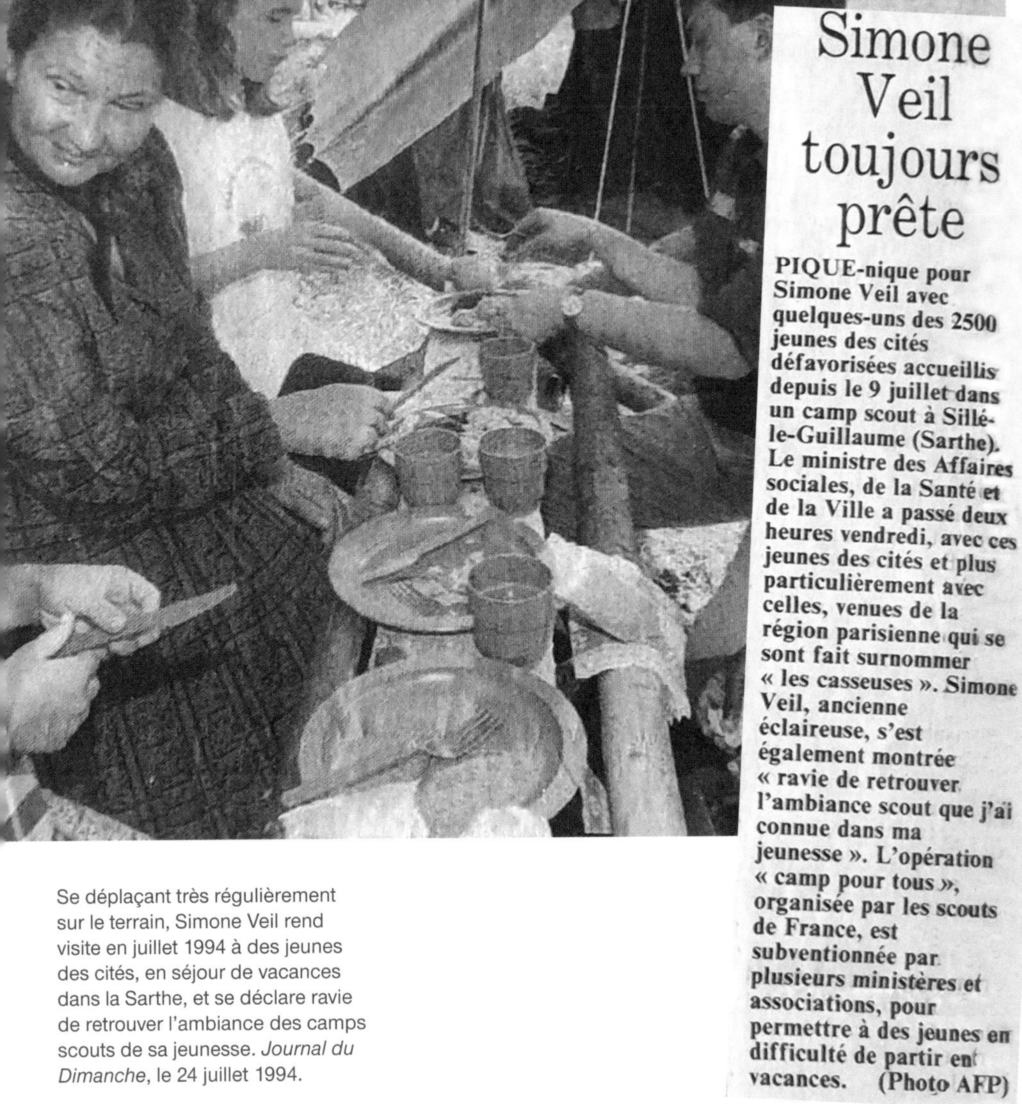

Simone Veil toujours prête

PIQUE-nique pour Simone Veil avec quelques-uns des 2500 jeunes des cités défavorisées accueillis depuis le 9 juillet dans un camp scout à Sillé-le-Guillaume (Sarthe). Le ministre des Affaires sociales, de la Santé et de la Ville a passé deux heures vendredi, avec ces jeunes des cités et plus particulièrement avec celles, venues de la région parisienne qui se sont fait surnommer « les casseuses ». Simone Veil, ancienne éclaireuse, s'est également montrée « ravie de retrouver l'ambiance scout que j'ai connue dans ma jeunesse ». L'opération « camp pour tous », organisée par les scouts de France, est subventionnée par plusieurs ministères et associations, pour permettre à des jeunes en difficulté de partir en vacances. (Photo AFP)

Se déplaçant très régulièrement sur le terrain, Simone Veil rend visite en juillet 1994 à des jeunes des cités, en séjour de vacances dans la Sarthe, et se déclare ravie de retrouver l'ambiance des camps scouts de sa jeunesse. *Journal du Dimanche*, le 24 juillet 1994.

« Les femmes doivent toujours faire plus et mieux pour s'imposer. C'est particulièrement le cas dans la vie politique. C'est pourquoi les quotas réservés aux femmes me paraissent, dans une période transitoire, utiles pour imposer leur présence. Sans action volontariste positive en faveur des femmes, il ne se passe rien. Il suffit de regarder la représentation féminine à l'Assemblée nationale ou au Sénat. Elle est plus faible qu'en 1946. La France est d'ailleurs en ce domaine la lanterne rouge de l'Europe. »

Le Point du 21 novembre 1992.

11 SIMONE VEIL ET LA PARITÉ

Le 7 mai 2010, quarante ans après la tenue des premiers États généraux de la femmes à Versailles, le magazine *Elle* renouvelle cette rencontre à Paris. Présidente d'honneur de cette manifestation, Simone Veil est chaleureusement applaudie par les participantes.

Au comité du travail féminin, Simone Veil siège comme juriste spécialiste du droit civil, de juillet 1969 à sa nomination comme ministre en mai 1974. Traquer les règles défavorables aux femmes qui travaillent en matière de retraite ou de fiscalité ne l'empêche pas de se frotter aux autres problématiques en débat dans le comité. Elle représente déjà la Chancellerie au Conseil de l'Europe, elle est maintenant nommée au comité d'organisation pour l'Année internationale de la femme, organisée par les Nations unies en 1975. Elle se sent prête à défendre ses idées dans l'arène internationale.

En tant que femme ministre, elle constate, sans illusions, l'insuffisante participation des femmes à la vie politique :

« Dans l'ensemble, en France, la situation des femmes en politique a plutôt régressé depuis 1945. Il y a moins de femmes au pouvoir. Il y a moins de parlementaires. Ce qui prouve que la condition féminine, dont on parle tant, n'évolue pas vite [74]. »

Mais c'est plus tard, dans le cadre du Parlement européen, qu'elle va aborder la question des moyens pour changer les choses. Pourquoi ?

D'abord parce que la question de la lutte contre les discriminations est au cœur des politiques européennes, à travers notamment les directives sur l'égalité de traitement entre les hommes et les femmes en matière d'emploi, de rémunération et de formation. Mais aussi parce qu'à l'instigation de la commission sur les droits des femmes dont Simone Veil a favorisé la création pendant son mandat de présidente, la Commission européenne met en place, à compter de 1982, des programmes d'action pour l'égalité des chances et la participation des femmes aux processus de décision.

En 1987, lors d'un débat au Parlement européen sur la situation des femmes dans les institutions communautaires, elle se prononce pour les quotas : « Même si ce système nous choque, même s'il n'est pas agréable, d'autant qu'en général il est très inférieur aux 50 % qu'on devrait exiger, nous sommes obligés de passer par le système des quotas. Il faut absolument marquer une volonté affirmée, délibérée si l'on veut progresser, car aujourd'hui on régresse plutôt. »

Débattue au sein du Conseil de l'Europe comme des instances communautaires, l'idée des quotas fait en effet son chemin, sous la pression des militantes des ONG féminines et féministes de différents pays européens, notamment les pays scandinaves, où le scrutin proportionnel facilite l'accès des femmes aux responsabilités politiques. Face au constat de l'insuffisante place des femmes dans les lieux du pouvoir, elles revendiquent des « actions positives » et veulent que la question de l'égalité entre les hommes et les femmes soit posée

En tant que présidente du groupe libéral du Parlement européen, Simone Veil s'est associée, en 1988, à une proposition de résolution demandant la désignation de femmes « commissaires » européens. (Document du Parlement européen, 10 mai 1988).

05-17-88 16:18 T-GP LIBERAL 45513719 #542 -04
05-17-88 14:22 I-PHL74107 256471 #459 -04

264

PARLEMENT EUROPÉEN
EUROPA-PARLAMENTET
EUROPÄISCHES PARLAMENT
ΕΥΡΩΠΑΙΚΟ ΚΟΙΝΟΒΟΥΛΙΟ
EUROPEAN PARLIAMENT
PARLAMENTO EUROPEO
PARLAMENTO EUROPEO
EUROPEES PARLEMENT
PARLAMENTO EUROPEU

GROUPE LIBÉRAL, DÉMOCRATIQUE ET RÉFORMATEUR
DEN LIBERALE OG DEMOKRATISKE GRUPPE
LIBERALE UND DEMOKRATISCHE FRAKTION
ΦΙΛΕΛΕΥΘΕΡΗ, ΔΗΜΟΚΡΑΤΙΚΗ ΚΑΙ ΜΕΤΑΡΡΥΘΜΙΣΤΙΚΗ ΟΜΑΔΑ
LIBERAL, DEMOCRATIC AND REFORMIST GROUP
GRUPO LIBERAL, DEMOCRATICO Y REFORMISTA
GRUPPO LIBERALE E DEMOCRATICO RIFORMATORE
LIBERALE EN DEMOCRATISCHE FRACTIE
GRUPO LIBERAL, DEMOCRATICO E REFORMISTA

Bruxelles, le 10 mai 1988

PROPOSITION DE RESOLUTION
déposée par Mme Veil, M. Delorozoy, Mme Larive, Mme André, M. Muns, M. Garcia, Mme Scrivener et M. Maher

au nom du groupe libéral, démocratique et réformateur

sur la nécessité de désigner des femmes "Commissaire"

a. reconnaissant que les Membres de la Commission sont les plus importants serviteurs de la Communauté,

b. prenant note du fait que, depuis la création de la Communauté, tous les Commissaires ont été des hommes,

c. regrettant cette situation injustifiable, alors qu'il existe dans les Etats Membres des femmes parfaitement capables d'assumer les responsabilités de ce niveau,

d. constatant qu'une telle situation est préjudiciable à l'image de la Commission dans l'opinion des citoyens européennes

1. demande au Conseil, qui se réunit à Hanovre à la fin du mois de juin, de réfléchir à la meilleure manière de corriger cette faiblesse de la Commission et demande, par conséquent, aux gouvernements des Etats Membres de nommer des femmes qui figureront parmi les Commissaires afin de prendre leur charge dès janvier 1989,

2. charge son Président de transmettre la présente résolution à la Commission et au Conseil

Simone Veil

comme une condition de l'exercice de la démocratie et non pas comme un objectif.

Simone Veil sait que l'obstacle juridique est de taille : en France, une première loi instituant des quotas aux élections municipales – les listes ne devaient pas comporter plus de 75 % de candidats du même sexe – a été censurée en 1982 par le Conseil constitutionnel, au motif qu'on ne peut pas diviser les citoyens en catégories.

Mais elle veut utiliser sa notoriété pour agir au niveau européen. À Athènes, en novembre 1992, elle représente la France avec Édith Cresson, ancien Premier ministre, lors d'un « sommet » de femmes européennes exerçant dans leurs pays des responsabilités importantes. Avec Melina Mercouri, ministre de la Culture, pour la Grèce, et Rita Süssmuth, présidente du Bundestag, pour l'Allemagne, elles affirment dans une déclaration solennelle : « Les femmes représentent plus de la moitié de la population. L'égalité impose la parité dans la représentation et l'administration des nations. » Dans *Le Point*, Simone Veil défend l'idée de quotas réservés aux femmes, dans une période transitoire. Elle réitère ses analyses : « Sans action volontariste positive en faveur des femmes, il ne se passe rien. Il suffit de regarder la représentation féminine à l'Assemblée nationale ou au Sénat. Elle est plus faible qu'en 1946. La France est d'ailleurs en ce domaine la lanterne rouge de l'Europe[75]. »

Cependant l'idée fait son chemin. Défendu par des femmes politiques aussi bien que par des militantes féministes, le concept de parité progresse au cours des années 1990 dans le débat politique, dans la mesure où il apparaît comme une méthode efficace pour renouveler la vie démocratique.

Mais comment y parvenir ?

Le 10 novembre 1993, est publié dans le journal *Le Monde* le « manifeste des 577 pour une démocratie paritaire », signé par 288 citoyens et 289 citoyennes, dont de nombreuses femmes politiques. Il proclame : « La parité des sexes est une condition

Le premier « gouvernement Juppé » pose autour du président de la République pour la traditionnelle photo de famille, le 20 mai 1995 sur le perron de l'Élysée. Il compte 12 femmes à qui sont confiés des postes de secrétaires d'État ou des ministères de second ordre. On les surnomme les « Juppettes ». Les deux tiers d'entre elles seront remerciées six mois à peine après leur arrivée.

>Spécial Réussir : le salaire des jeunes diplômés

N° 2344 SEMAINE DU 6 AU 12 JUIN 1996

L'EXPRESS

De gauche et de droite, elles exigent autant de femmes que d'hommes dans les partis, à l'Assemblée et au gouvernement

DIX FEMMES POLITIQUES LANCENT Le manifeste pour la parité

SONDAGE EXCLUSIF

71 % des Français les approuvent

M 1722 - 2344 - 18,00 F

ANTILLES ET RÉUNION : 25 F

« Pour ma part, j'ai milité pour la parité, même si j'ai regretté qu'il ait fallu y recourir pour faire bouger les choses. »

Gynovations, Cannes, juin 2005,
publié dans Simone Veil, *Mes combats*.

De gauche à droite, au 1er rang : Catherine Tasca, Michèle Barzach, Yvette Roudy, Catherine Lalumière, Frédérique Bredin ; au 2e rang : Véronique Neiertz, Monique Pelletier, Simone Veil, Édith Cresson, Hélène Gisserot. Dix femmes s'engagent en faveur de la parité entre hommes et femmes en politique. (Une de *L'Express*, le 6 juin 1996).

de la réalisation de la démocratie, au même titre que la séparation des pouvoirs et le suffrage universel. » Ministre à l'époque, Simone Veil a débloqué une subvention du Service des droits des femmes pour payer cet encart publicitaire.

Avec les élections européennes de 1994, qui ont vu éclore six listes paritaires, le paysage a commencé à bouger. De nouveau, Simone Veil, déplorant la difficulté pour les femmes de « faire entendre leur différence dans le débat politique quotidien », se déclare favorable aux quotas, en soulignant le préalable d'une réforme constitutionnelle pour y parvenir.

Cette position n'est pas contradictoire avec la conception « différentialiste » qu'elle défend depuis toujours : « Les femmes souhaitent garder et valoriser leur différence, parce que leur féminité, leur sexualité et leur fécondité sont des éléments fondateurs de leur identité »[76]. L'élection présidentielle de 1995 est l'occasion de faire un pas de plus. Yvette Roudy interroge tous les candidats sur l'hypothèse d'une loi sur la parité : plusieurs s'y déclarent favorables, Jacques Chirac, réservé, promet un observatoire.

Une fois élu, le président Chirac crée l'Observatoire de la parité. Remis en décembre 1996, le rapport de sa rapporteuse générale Roselyne Bachelot, et de Gisèle Halimi, préconise

« [Il s'agit] de faire reconnaître comme l'un des deux piliers de la société, une identité féminine égale en valeur et en droits à l'identité masculine. Les femmes souhaitent garder et valoriser leur différence parce que leur féminité, leur sexualité et leur fécondité sont des éléments fondateurs de leur identité. Elles le disent clairement lorsqu'on prend le temps de les interroger. Elles attendent de la société que leur différence ne leur soit pas perçue de façon négative. »

Rencontre nationale des femmes à la Sorbonne,
dans le cadre de la préparation de la conférence de l'ONU à Pékin, le 8 mars 1995.

l'introduction de quotas et se prononce en faveur d'une modification de la Constitution pour « assurer la parité de la représentation politique des hommes et des femmes ».

La voie est tracée, il faudra modifier la Constitution. Mais les mesures incitatives restent sans effet, rien ne se passe, il faut reprendre le combat, avec d'autres idées. Un nouveau manifeste ?

Sous le choc de l'affaire des « Juppettes », des femmes politiques se mobilisent. Dix femmes de droite et de gauche, qui ont toutes eu « à affronter l'incapacité du système politique français à accepter véritablement les femmes », constituent un « comité pour la parité » et s'affichent ensemble pour exiger des mesures fortes. Simone Veil en est.

Publié dans *L'Express* du 6 juin 1996, « Le manifeste des 10 pour la parité » réclame une réforme de la Constitution pour pouvoir mettre en œuvre des quotas de femmes aux élections et demande que les nominations aux postes de responsabilité de l'État soient fondées sur le principe de parité.

C'est finalement Lionel Jospin qui, devenu Premier ministre en 1997, s'engage à réformer la Constitution pour permettre la parité. Depuis la réforme constitutionnelle de 1999, la Constitution prévoit dans son article 3 que « la loi favorise l'égal accès des femmes et des hommes aux mandats électoraux et fonctions électives ».

MANIFESTE DES 577

POUR UNE DÉMOCRATIE PARITAIRE

A l'initiative du Réseau Femmes pour la Parité

Nous demandons l'adoption d'une loi organique dont le texte est simple :

«Les assemblées élues au niveau territorial comme au niveau national sont composées d'autant de femmes que d'hommes.»

Pourquoi cette loi et pourquoi maintenant ?

Parce que le moment est venu de voir les choses en face :

- les Françaises sont électrices et éligibles depuis 1945. Combien sont-elles au Parlement aujourd'hui ? 5 % seulement, moins encore qu'il y a quarante-huit ans ! Les dernières élections législatives prouvent une fois de plus que rien ne changera, sinon par la loi ;
- là où sont discutées et votées les règles applicables à toutes et à tous, là où sont gérées les affaires communes, le faible nombre des élues déséquilibre les assemblées ; il est l'une des causes fondamentales de la crise du politique ;
- en s'accommodant de l'exclusion persistante des femmes de la représentation populaire, la République française, qui se dit démocratique, se situe à l'avant-dernière place des pays d'Europe pour ce qui est de la proportion de femmes dans son Parlement ;
- le demi-siècle qui vient de s'écouler montre que l'accès aux responsabilités politiques est verrouillé. Si quelques femmes parviennent à le forcer, c'est par le «fait du prince». Ainsi, les apparences sont sauves.

La parité des sexes est une condition de la réalisation de la démocratie, au même titre que la séparation des pouvoirs et le suffrage universel. Elle doit être inscrite dans le Droit et les modes de scrutin doivent être adaptés pour en permettre l'application.

Cette conception de la démocratie est partagée par les 577 premières et premiers signataires de ce Manifeste : 289 femmes et 288 hommes qui soutiennent leur initiative.

Pourquoi 577 ? Parce que c'est le nombre de députés siégeant à l'Assemblée nationale, lieu symbolique de la représentation démocratique.

Les 289 citoyennes signataires, les 288 citoyens qui s'associent à cette initiative :

Michel ABADIE, Victor ABITBOL, Hélène AHRWEILER, Armand AJZENBERG, Jeanine ALEXANDRE-DEBRAY, Françoise AMARA, Salika AMARA, Geneviève ANCEL, Jean ANDREAU, Geneviève ANDUEZA, Jacqueline ANTHEAUME, Mouloud AOUNIT, Aline ARCHIMBAUD, Pierre ARDITI, Jacques ARDOINO, ARMAN, Daniel ARMOGATHE, Philip ARMSTRONG, Cyril ARNSTAM, Isabelle ARNSTAM, M.-Noëlle AUBERGER, M.-Hélène AUBERT, Catherine AUBIER, Lucie AUBRAC, Colette AUGER, M.-Christine AULAS, François AUTRIVE, Roselyne BACHELOT, Patrice BACHY, M.-Hélène BACONNET, Yvette BAKABA, Etienne BALIBAR, Paul BALTA, Henry BARTLETT, Marguerite BARTLETT, Michèle BARZACH, Teresa BATTESTI, Pierre BAUBY, Madeleine BAZIRE, Pierre BAZIRE, Claire BEAUCHAMPS, Hélène de BEAUVOIR, Gilberte BEAUX, Jean de BEIR, Franca BELFOND, Pierre BELFOND, Monika BELLAN, Monique BEN GUIGA, Maurice BÉNICHOU, J.-Luc BENNHAMIAS, Pierre BERGÉ, Alex BERGER, Guy BERGER, M.-Claude BERGOUIGNAN, J.-Félix BERNARD, Michel BERNARD, Augustin BERQUE, Gérard BERTOLINI, Mongo BETI, Lucien BIANCO, Lucile BIGOT, Victor BISMUTH, Olivier BLANC, M.-Christine BLANDIN, Louise BLANQUART, Edgar BLAUSTEIN, M.-Thérèse BOISSEAU, Bruno BOISSIERE, Jérôme BOIVIN, Philippe BONE, Nicole BONNIN, M.-Claire BOONS-GRAFE, Huguette BOUCHARDEAU, Bernard BOUDET, Paul BOUFFARTIGUE, J.-Jacques BOUHON, Pierre BOURDIEU, Janick BOURHIS, Christine BOURREL, M.-Rose BOUTIN, Isabelle BRAUD, Agnès BRAUN, Geneviève BRISAC, M.-France BRIVE, Jacques BRUN, Géo BRUNEL, Mathieu de BRUNHOFF, Suzanne de BRUNHOFF, Philippe BUA, Jackie BUET, Andrée BUCHMANN, Andrée C. CABADA, Simone CAILLOT, J.-Pierre CAMBIER, Philippe CALONI, Jean CARPENTIER, Jorge CARRASCO, J.-Michel CARRE, Selda CARVALHO, Pascale CASANOVA, Nicolas de la CASINIERE, Robert CASTEL, Efthimios CAVOURIARIS, Claude CESBRON, Catherine CEYLAC, Françoise CHAGNIOT, Jean CHAIX, Jeanne CHAMPION, Eric CHANTRY, Georges CHAPOUTHIER, Madeleine CHAPSAL, Edmonde CHARLES ROUX, Georges CHATAIN, Rémy CHAUVIN, Agnès CHESLET-MONVOISIN, Jean CHESNEAUX, Geneviève CLANCY, Serge CLÉMENT, Lucien CLERGUE, Jacques CLOAREC, Yves COCHET, Lucien COINDEAU, Françoise COLIN, Madeleine COLIN, Georges COMTE, Francine COMTE-SEGRESTAA, Georges CONDOMINAS, Maryvonne CONNAN, Eliane CONTINI, Josée CONTRERAS, Paule CORDAY, Albano CORDEIRO, Rosette CORYELL, Schofield CORYELL, Gilles COSTAZ, Olivier COTINAUD, Francis CREMIEUX, Hélène CRIÉ, Emmanuelle CURCHOD, Florence D'HARCOURT, Amy DAHAN-DALMEDICO, Chantal DAMAIS, Jacqueline DANE, Cécile DAUPHIN, Robert DAVEZIES, Renée DAVID-AESCHLIMANN, Ouzi DEKEL, Régine DEFORGES, Christophe DEJOURS, M.-Christine DELAUCHE-CAVALLIER, Claude DELAY-TUBIANA, Sylvie DELAYGUE-MOINS, Julien DELLI-FIORI, J.-Paul DESAIVE, Harlem DÉSIR, Jean DHOMBRES, Régine DHOQUOIS-COHEN, Pierre DIGAN, Marguerite-Marie DINGUIRARD, Yvonne DORNES, Joss DRAY, Bernard DREANO, Sylvie DREYFUS, Simone DREYFUS-GAMELON, Nicole DROMARD, Jean DUBOST, Françoise DUCROCQ, Christian DUGUET, J.-Luc DUMESNIL, Michel DURAFOUR, Françoise DURAND, Michèle DUSSAUT-DELORME, Eliane DUTARTE, Nicole ECHARD, Marianne ELIE, Eugène ENRIQUEZ, Annie ERNAUX, Judith EZEKIEL, Nitzia FALOCI, Jeanne FAVRET-SAADA, Jacqueline FELDMAN, Solange FERNEX, J.-Noël FERRAGUT, Marc FERRO, Catherine FIGUS, Patrice FLAMAIN, Elein FLEISS, Frédéric FOMBONNE, Bernard FONTY, Viviane FORRESTER, Antoinette FOUQUE, Geneviève FRAISSE, M.-Hélène FRANJOU, Yves FREMION, Gisèle FREUND, Monique FRYDMAN, Denise FUCHS, Nicole GABRIEL, J.-Yves GACON, Jacques GAILLOT, Perla GARCIA-RUIZ, Michèle GARD, Sylvain GAREL, Françoise GASPARD, Jean GASPARD, Henri GAUDIN, J.-Louis GAUTHIER, Jacques GAUTRAT, Bénédicte GENÉE, François GEZE, J.-Pierre GIRAULT, Françoise GIROUD, Janick GIROUX, Maurice GODELIER, Dominique GODINEAU, Cécile GOLDET, Maurice GOLDRING, Anne GOLUB, Marie GONTCHAROF, Josiane GONTHIER, M.-Christine GOULEY-QUIVAIN, Romain GOUPIL, Patrick GRAINVILLE, Monique GRANDJONC, Joëlle de GRAVELAINE, J.-Guy GREILSAMER, M.-Françoise GRIBET, Jeanne GRIMAUD, Maurice GRIMAUD, François GROS, Madeleine GROSJEAN, Benoîte GROULT, Monique GUEDJ-CATTARUZZA, William GUERAICHE, Pierre GUEURMONT, Jacques GUYARD, Danielle HAASE-DUBOSC, Monique HAICAULT, Cecilia HARE, Pierre HEMERY, Françoise HÉRITIER-AUGÉ, Danièle HERMANN, Philippe HERZOG, Geneviève HESSE, Stéphane HESSEL, Catherine HIEGEL, Anne-Marie HIERONIMUS-LEUBA, Aude HOMBLET, Dominique HUEBER, Pierre-Louis HUMBERT, Françoise IMBERT, M.-Anne ISLER-BEGUIN, Chantal JACOB, Mat JACOB, André JACQUES, Jean JAVANNI, Charles JOSSELIN, José KAGABO, Axel KAHN, Marcel-Francis KAHN, Michel KAIL, Michèle KAIL, Suzanne KALA-LOBÉ, Nelly KAPLAN, Danielle KASMAN, Michèle KATZ, Christian KETTIGER, Farhad KHOSROKHAVAR, Jacky KISTEV, Christiane KLAPISCH-ZUBER, J.-Paul KLÉE, Yvonne KNIBIEHLER, Sarah KOFMAN, Judith KRAFT, Colette KREDER, Marie KUHLMANN, André LABARRÈRE, Antoine LABEYRIE, Sabine LAGRANGE, Bernard LANGLOIS, Anne LANGUEPIN, J.-Jacques LANGUEPIN, Jeannette LAOT, Maryse LAPERGUE, François LAPOIX, Robert de LAROCHE, Paulette LAUBIE, Suzanne LAUGIER, Sylvia LAUSSINOTTE, Anne-Marie LAZARINI, Hervé LE BRAS, Evelyne LE GARREC, Jacques LE GOFF, Melvin LE MAITRE, Martine LE QUELLEC-HAINAUX, Monique LE SAUX, André LEBRETON, Eric LECERF, Thierry LEFEVRE-GRAVE, J.-Pierre LESAGE, Anne-Marie LESENEY, Armelle LETURCQ, Maximilienne LEVET-GAUTRAT, André LICHNEROWICZ, Hélène LIENHARDT, Alain LIPIETZ, Christine LIPINSKA, Marc LIPINSKI, Christian LORION, Michèle LOUP, Anne-Marie LUGAN-DARDIGNA, Eric LUTER, Edith LUTIER, Christian MAGNAN, Colette MAGNY, Macha MAKEIEFF-DESCHAMPS, Noël MAMÈRE, Michèle MANCEAU, M.-Hélène MANCINHO, Valérie MARANGE, J.-Pierre MARCOS, Guy MARIAUD, Maud MARIN, Marcelle MARINI, Jacqueline MARTIN, Gustave MASSIAH, Pierre MATHON, Henri MAUREL, Jeanne MAZEL, Albert MEMMI, M.-Claire MENDÈS-FRANCE, M.-Françoise MENDEZ, Roland MERIEUX, Marcel MERSEL, Daniel MESGUICH, Andrée MICHEL, J.-Pierre MICHEL, Janie MICHEL, Pierre MICHEL, Berit MICKELSON, Daniel MILGRAM, Juliette MINCES, Luciana MIOTTO MURET, Hélène MISSERLY, Claude MOINS, Geneviève MOLL, Théodore MONOD, Agnès MONTAGNE, Florence MONTREYNAUD, Jacques MONZAUGE, Guy MORANCE, Marianne MORANCE, Annick MOREAU, Bernard MOREL, Janick MORICEAU, Edgard MORIN, Serge MOSCOVICI, Jeannine MOSSUZ-LAVAU, J.-Pierre MOUSSARON, M.-Josée NAT, Michelle NEDELEC, Véronique NEIERTZ, Elisabeth NICOLINI, Jacqueline NONON, Geneviève OLEJNICZAK, Claude OLIEVENSTEIN, Gérard ONESTA, Aline PAILLER, France PARAMELLE, Chantal PELLETIER, Micheline PELLETIER, M.-Christine PERNETTE, Jacques PEROTTI, Gilles PERRAULT, Michèle PERREIN, Michelle PERROT, Geneviève PETAUTON, J.-Pierre PETER, Patrick PETITJEAN, Charles L. PETRI, J.-Jacques PETTER, Gérard PEURIERE, J.-Philippe PEYLET, Pierrette PEZERAT-LEBRUN, Anne PICARD, Michel PICCOLI, Françoise PICQ, Claude PIÉPLU, Joseph PINARD, Colette PIQUET, Patrick PIRO, Yann PITCHAL, Danièle POUBLAN, Anny POURSINOFF, Jean PREVOT, Geneviève PROST-BERTHELLOT, Anne QUERRIEN, Colette QUETIER, Louis QUETIER, Yvonne QUILES, Joan RABASCALL, Jean-Pierre RAFFIN, Michel RAGON, Bernard RAVENEL, Rodica RAVIER, Maud RAYER, Eliane REJONY, Josette REJOU, Brigitte RENN, Joachim RENN, Guillaume REVAULT D'ALLONNES, Annie RIEU, Yannick RIPA, Alain RIST, Michel RIVIERE, Jacques ROBIN, Chantal ROGERAT, Francis ROL-TANGUY, Aymery ROLLAND, Raoul ROLLAND, Nathalie ROLLAND-HUCKEL, Christiane RONDI, Pierre ROSENSTIEHL, Richard ROSLER, Hélène ROUCH, Yvette ROUDY, Carole ROUSSOPOULOS, Eve-Alice ROUSTANG, François ROUSTANG, Dominique ROUWS, Alain ROYER, Simone ROZES, Sonia RYKIEL, Régine SAINT-CRIQ, Roland SAINT-CRIQ, Louis SALA-MOLINS, Rachel SALIK, Jacques SALVATOR, Yves SAUTERAUD, Moïra SAUVAGE, Jeanne SCHNEIDER, Margot SCHUBY, Geneviève SCHWOEBEL, Leïla SEBBAR, Françoise SELIGMANN, Geneviève SELLIER, Laurence SEMONIN, Evelyne SERDJÉNIAN, Coline SERREAU, François SIGAUT, Patrick SILBERSTEIN, Mariette SINEAU, J.-Jacques SIRKIS, Danielle SIVADON, Elisabeth G. SLEDZIEWSKI, Martine SPENSKY, Anna STEIN, Gisèle STIEVENARD, Philippe TANCELIN, Philippe TARILLON, Catherine TASCA, Pascal TASSY, Djida TAZDAIT, Jacques TESTART, Rita THALMANN, Françoise THÉBAUD, J.-François THÉVENOT, Michel TORT, Christian TORTEL, Pierre TOUBERT, Alain TOURAINE, Michèle TOURNIER, Yvette TRABUT, Roger TREFEU, Thomas TURSZ, Alain UGUEN, Catherine VALABREGUE, M.-Claire VALENTIN, Claude Jean VALLOT, José VALVERDE, Claude VEIL, Patricia VERGNAUD, J.-Pierre VERNANT, Françoise VERNY, Gérard VERROUST, Eliane VICTOR, Pierre VIDAUD, Madeleine VIGNES, Anne-Marie de VILAINE, Patrice VILLE, J.-Marc VIRE, Marina VLADY, Albin VOLTE, Dominique VOYNET, Alain de VULPIAN, Gabriel WACKERMANN, Alain WANG, Chantal WAYSMAN, Sandra WEIGAND, Annick WEIL-BARAIS, Michaël WERNER, Michel WIEVIORKA, Maryse WOLINSKI, YOURI, René ZAZZO, Anne ZELENSKY, Martine ZIEMIALKOWSKI, Elisabeth ZUCKER...

Et pour le Réseau Femmes pour la Parité :

Maya BECHARD, Nicole BERCEOT, Denise BRIAL, Catherine BRODARD, Odette BRUN, Thérèse CLERC, Valérie COHEN, Alice COLANIS, Monique DENTAL, Giselle DONNARD, Eugénie DUBREUIL, Catherine DUMOUCHEL, Hanem EL FANI, Catherine-Gabrielle FRANA, Odile KRAKOVITCH, Anne LE GALL, Ginette LE MAITRE, Emmanuelle LE SAGE, Bernadette LEONARD-DELIGNY, Camille-Alice LOICHOT, M.-Victoire LOUIS, Catherine MARAND-FOUQUET, Lucia MARTINI-SCALZONE, Monique MINACA, Chantal OCRISSE, Jeanne PEIFFER, Evelyne PEYRE, Monique PRIEUR, M.-Josée PROTAIS, Annie RATOUIS, Claude RIVIERE, Claude SERVAN-SCHREIBER, Luce SIRKIS, Eliane VIENNOT, Joëlle WIELS...

(La liste complète des signatures sera publiée dans le prochain numéro de Parité-Infos.)

La publication du Manifeste des 577 marque le lancement d'une campagne nationale de signatures pour l'instauration d'une démocratie paritaire.

Contact : Groupe du Manifeste des 577, Maya BECHARD, tél. : (1) 48-04-53-92 ; fax : (1) 42-22-58-05.

Adresse : Réseau Femmes pour la Parité, Maison des Femmes, 8 Cité Prost, 75011 Paris.

Merci aux signataires dont les contributions ont permis la parution de ce manifeste.

« … [S']il faut modifier la Constitution, ce texte fondateur de notre République - eh bien, modifions-la ! Ce qui est en jeu dans cette affaire, c'est quelque chose d'essentiel ; la moitié du pays ne peut rester durablement en dehors des responsabilités politiques ou n'y participer que de façon quasi symbolique. »

Rencontre nationale des femmes à la Sorbonne,
dans le cadre de la préparation de la conférence de l'ONU à Pékin, le 8 mars 1995.

Le « manifeste des 577
pour une démocratie paritaire »,
Le Monde du 10 novembre 1993.

« Je n'ai pas participé aux mouvements féministes, mais je les ai toujours soutenus. Par tempérament, je ne suis pas une militante »

Le 9 juin 2007,
publié dans Simone Veil, *Mes combats*.

12 LES FEMMES DANS LE MONDE

Dans les années 1990, l'aura de Simone Veil va bien au-delà de la France. Son impartialité, son intégrité et son attention aux victimes de violences la conduisent à participer à des missions internationales.

D'abord en Europe. Depuis avril 1992, c'est la guerre dans les Balkans. En août, Simone Veil prend place à bord de l'un des « convois de la paix » conduits par l'organisation humanitaire Équilibre, qui sillonnent les routes défoncées de la Bosnie avec des tonnes de vivres destinées aux réfugiés. Simone Veil, Philippe Douste-Blazy, Bernard-Henri Lévy, choqués par les rumeurs d'ouverture de camps de concentration, décident d'y

Le 29 avril 2005, sur le parvis du Trocadéro, Simone Veil, l'ancienne présidente du Parlement européen, prononce un discours aux côtés de la ministre de la Parité et de l'Égalité professionnelle, Nicole Ameline, lors d'un rassemblement de Femmes pour l'Europe, en faveur du « oui » au référendum sur le traité constitutionnel européen.

aller pour voir ce qu'il en est. Plusieurs reportages montrent des camps de réfugiés où les prisonniers sont maltraités, on parle de « nettoyage ethnique ». Pour Simone Veil, c'est insupportable. L'eurodéputée laisse éclater sa colère : « C'est ce que nous avons entendu, il y a cinquante ans, des millions de personnes sont mortes à cause de cela [...] Est-ce que l'on peut dire : "On n'a pas le droit d'entrer dans les camps ? Est-ce qu'on va vraiment encore entendre ça pendant des jours et des jours ? [...] Je ne veux pas réentendre ce que j'ai entendu il y a cinquante ans... Dire que la seule priorité c'était d'arrêter la guerre et que, pendant ce temps-là, les gens pouvaient être dans des camps de concentration à être exterminés. Je ne veux pas le réentendre ![77] »

Du 18 au 24 décembre 1992, elle participe, avec plusieurs experts de différentes nationalités, à une mission d'observation

« Les femmes ont un autre regard sur le réel, leurs capacités de pragmatisme et d'innovation doivent être mises à contribution pour l'exercice d'un pouvoir dont elles ont été trop longtemps exclues. Il n'y aura pas de recomposition viable de notre société sans la participation des femmes, sans une répartition équilibrée des responsabilités entre les sexes. »

Discours de Simone Veil, devant le comité national de préparation de la Conférence de l'ONU sur les femmes à Pékin, le 20 décembre 1993.

Au cours de l'été 1992, Simone Veil, qui a dénoncé le manque de réaction de l'Europe face au viol des femmes bosniaques, se rend en Bosnie avec une association humanitaire.

FRANCE-SOIR ACTUALIT
MARDI 6 SEPTEMBRE 1994 - DH
ETRANG
182 PAYS RÉUNIS DEPUIS HIER AU CAIRE POUR LUT
Au cœur du déba

de la Communauté européenne sur le traitement des femmes musulmanes dans l'ex-Yougoslavie. Décidée par le Conseil européen d'Édimbourg, la délégation est présidée par Anne Warbuton, diplomate britannique.

Dès son retour, le 24 décembre, elle dénonce devant les médias les atrocités dont elle a été le témoin, en particulier le sort des « femmes musulmanes, victimes de viols quasi systématiques » par les troupes nationalistes serbes à leur arrivée dans les villages bosniaques. Le rapport remis en janvier 1993 souligne que le viol commis par les forces serbes de Bosnie n'était pas un effet secondaire du conflit, mais faisait partie d'une politique systématique de nettoyage ethnique et avait été « perpétré avec l'intention consciente de démoraliser et de terroriser les communautés, de les chasser de leur région d'origine et de démontrer la puissance des forces d'invasion[78] ».

9 B
TRE LA SURPOPULATION
a femme

Ci-contre :
En septembre 1994, la présence de Simone Veil au Caire lors de la conférence de l'ONU sur la population et le développement montre son implication dès qu'il est question de la santé des femmes et de leurs droits (*France-Soir*, le 6 septembre 1994).

Ci-dessous :
Le prestige de Simone Veil dépasse largement les frontières de la France. Elle rencontre les dirigeants du monde entier. Ici avec Hosni Moubarak, président de l'Égypte, en novembre 1981.

Mais Simone Veil renonce à se rendre à nouveau en Bosnie pour participer à la deuxième partie de la mission européenne sur le traitement des femmes musulmanes et les exactions commises par les Serbes. Le 20 janvier 1993, à la tribune du Parlement européen, elle ne mâche pas ses mots : « J'ai préféré ne pas accompagner la délégation aujourd'hui, pour venir ici vous parler de ces viols dont il est question depuis quelques semaines, pour vous dire les conditions de notre mission qui font que nous n'avons pas pu l'assumer. » [...]. Et de monter le ton pour dénoncer l'absence de moyens accordés à cette mission : « C'est uniquement une mission d'action sociale, limitée dans ses objectifs, uniquement chargée d'enquêter sur les viols subis par les femmes musulmanes bosniaques sans y mêler la politique. Comme si on voulait nier la réalité de ce que représentent ces viols, qui sont des actes politiques avec des objectifs politiques[79]. »

La campagne de Médecins du monde comparant Milosevic à Hitler et les camps serbes aux camps nazis la heurte profondément. À plusieurs reprises, Simone Veil fera des déclarations remarquées dans lesquelles elle récuse cette identification.

Si Simone Veil n'a jamais cessé de rappeler la spécificité de la Shoah, jamais elle n'oubliera le sort réservé aux Tsiganes. C'est sous sa présidence que la Fondation pour la mémoire de la Shoah a commencé à soutenir des recherches historiques sur les autres génocides, notamment celui des Tutsis au Rwanda. Il y aura aussi une très belle rencontre entre Simone Veil, la déportée juive, et Esther Mujawayo qui a survécu au génocide rwandais. Cette rescapée raconte comment sa famille a été assassinée dans *Survivantes, Rwanda, dix ans après le génocide* (L'Aube, 2004) et dialogue dans cet ouvrage avec Simone Veil, alors présidente de la Fondation pour la mémoire de la Shoah.

Peu importe la nationalité, la religion ou l'origine ethnique des personnes concernées, elle défend toutes les victimes de violences et crimes de guerre relatés par la presse. Le 19 mars 1994, en tant que présidente d'honneur de l'association Femmes

En 1998, Simone Veil est nommée par le secrétaire général de l'ONU dans une commission d'enquête sur la situation des droits de l'homme en Algérie. Ici, le professeur Aïssani, au port de Béjaïa, avec Simone Veil, en août 1998.

d'Europe, elle se rend aux Galeries Lafayette pour participer à une action visant à susciter des dons pour les 400 000 femmes réfugiées dans des camps en Croatie.

En septembre de la même année, sa présence au Caire à la conférence de l'ONU sur la démographie et le développement montre son implication dès qu'il est question de la santé des femmes et de leurs droits. Après d'âpres débats, les délégations s'accordent sur la nécessité de garantir aux femmes l'avortement sans risques, malgré l'obstruction du Vatican. À son retour, elle se réjouit du résultat de la conférence : « Toutes les femmes, chefs de gouvernement ou ministres qui y étaient présentes ont, comme moi, ressenti au cours des débats que

« Les chances, pour les femmes, procèdent trop du hasard et pas assez de la loi ou plus généralement de la règle du jeu. »

Simone Veil, *Une vie.*

nombre des aspirations légitimes des femmes étaient enfin reconnues et que surtout elles étaient enfin considérées comme de véritables acteurs de nos sociétés[80] ».

Parmi ses nombreuses activités, il faut retenir son retour en Algérie, à l'été 1998, dans le cadre d'une mission de l'ONU, acceptée non sans réticence par les autorités algériennes, pour examiner la situation au regard des droits de l'homme après les massacres qui ont endeuillé le pays depuis le coup d'État de 1992.

La « mission d'information » de l'ONU, dirigée par l'ancien président portugais Mário Soares et composée de cinq autres personnalités, dont Simone Veil, s'efforce de travailler en toute indépendance et étudie le dossier des personnes disparues. Tout en respectant son engagement de ne pas voir de responsables du Front islamique du salut (FIS), la délégation s'entretient aussi avec les responsables d'organismes de droits de l'homme, des personnalités, et des membres des partis d'opposition. Fait sans précédent, la délégation passe six heures dans la prison de Serkadji, théâtre d'une mutinerie matée dans le sang début 1995.

Nul doute que le chapitre du rapport sur les femmes porte l'empreinte de Simone Veil : « Nous avons entendu plusieurs porte-parole et représentantes d'associations féminines, qui ont demandé instamment que l'on se préoccupe de la situation des femmes algériennes et notamment de leur statut juridique… Les représentantes d'associations féminines ont parlé avec émotion du courage des femmes algériennes qui, depuis des années, s'opposaient à la conception de la société que les extrémistes religieux essayaient d'imposer. Des femmes des couches populaires avaient eu le courage de manifester individuellement et collectivement contre des doctrines dont elles estimaient qu'elles les réduiraient en esclavage, en dépit des menaces et même des assassinats dont les femmes avaient été la cible privilégiée. Nous avons entendu des récits épouvantables concernant la violence terroriste, ainsi que la situation critique dans laquelle se trouvaient les mères, les épouses et les sœurs de ceux qui avaient été victimes de massacres

« Plus généralement, l'approfondissement du concept des droits humains conduit à appréhender et protéger les droits de la personne, trop longtemps méconnus parce que relégués dans la sphère de la vie privée. »

Boston, le 2 octobre 1996,
publié dans Simone Veil, *Mes combats.*

Simone Veil dans sa tenue d'académicienne (ci-contre) lors de sa réception à l'Académie française le 18 mars 2010. Elle a souhaité que soient gravés sur son épée son nom et le matricule qui lui a été tatoué à Auschwitz, la devise de la France, « Liberté, Égalité, Fraternité », et celle de l'Europe, « Unie dans la diversité ». Simone Veil reçoit de nombreux prix, notamment le titre de docteur honoris causa de l'université Ben Gourion à Beersheva, dans le sud d'Israël (en bas, à droite), et de l'Université libre de Bruxelles (en bas, à gauche).

« Je suis convaincue que la société gagnerait à se nourrir des valeurs des femmes. »

Rencontre nationale des femmes à la Sorbonne,
dans le cadre de la préparation de la conférence de l'ONU
sur les femmes à Pékin, le 8 mars 1995.

terroristes ou d'exécutions extrajudiciaires, ou qui avaient disparu ou été torturés[81]. »

Dans une interview qu'elle accorde à *El Watan* parue le 30 septembre 1998, l'ancienne présidente du Parlement européen revient sur ce qui a le plus heurté ses convictions, ses principes et sa sensibilité durant ce séjour : « C'est la situation des femmes [...] Pendant des années, certaines d'entre elles se sont senties très directement visées. Il y a eu une période dans laquelle la pression et les contraintes étaient fortes sur les femmes les obligeant à avoir un certain comportement, à s'habiller d'une certaine façon [...] Par ailleurs, quand il y a dans la famille des disparitions, des assassinats, des situations économiques difficiles, les femmes doivent y faire face[82]. »

En 1998, quand Simone Veil est nommée pour 9 ans au Conseil constitutionnel, elle n'abandonne pas la scène internationale dès qu'il s'agit de défendre les droits de l'homme et d'œuvrer pour la paix. Elle est de nouveau sollicitée au moment de la mise en place, en 2002, de la Cour pénale internationale (CPI), nouvelle juridiction pénale internationale permanente, créée à l'initiative de l'ONU pour juger les personnes physiques présumées auteurs des crimes les plus graves – génocide, crime contre l'humanité, crime de guerre. Elle présidera, de 2003 à 2009, le Fonds d'indemnisation des victimes. Même si la force principale de la Cour pénale internationale est surtout symbolique, elle consacre autant l'accès des victimes à la justice pénale internationale, et leur droit à réparation que la nécessité absolue de lutter contre l'impunité.

Affiche *Merci Simone*, Collectif street art Merci Simone, 2018.

Son action lui vaut une quantité impressionnante de titres et de décorations à l'étranger : docteur honoris causa de diverses universités dont Princeton (1975), l'institut Weizmann (1976), l'université de Cambridge (1980), l'université de Georgetown (1981), l'Université libre de Bruxelles (1984), les universités Yale (États-Unis, 1980), de Glasgow (Grande-Bretagne, 1995), de Pennsylvanie (États-Unis, 1997), de Montréal (Canada, 2007), de Netanya (Israël, 2008), de Bologne (Italie, 2009), Ben Gourion (Israël, 2010), de Tel Aviv (Israël, 2011), de Meiji (Japon, 2011).

La liste des prix est tout aussi longue : prix Truman pour la paix (Jérusalem, 1991), médaille d'or du B'Nai Brith (Washington, 1993), médaille d'or de l'association Stresemann (Mayence, 1993), médaille d'or de la santé pour tous de l'OMS (1997), prix Prince des Asturies et prix Grand Siècle Laurent-Perrier (2005), prix Scopus (Paris, 2007), prix Charles V (Espagne, 2008), prix franco-allemand du journalisme (Paris, 2009), prix Heinrich Heine (Düsseldorf, 2010), prix européen des droits civiques des Sinti et Roma (Berlin, 2010), prix Schiller (Stuttgart, 2011).

Comblée d'honneur, Simone Veil se retire de la vie publique après le décès de son mari en 2013.

Le 30 juin 2017, elle meurt à son domicile parisien. Des obsèques nationales sont célébrées en sa mémoire dans la cour d'honneur des Invalides. Partout surgissent des tags, « Merci Simone », les hommages affluent. À l'issue de son éloge funèbre, le président de la République annonce que Simone Veil reposera, avec son mari, au Panthéon. Le 1er juillet 2018, ils entrent tous les deux au Panthéon, au terme d'une cérémonie émouvante.

Simone Veil demeure à ce jour l'une des personnalités préférées des Français et continue à inspirer par ses combats, sa dignité, et sa détermination.

MERCI SIMONE

NOTES

1. « Le Divan », France 3, 25 juin 1988.
2. *Libération*, 18 août 1997.
3. Maurice Szafran, *Simone Veil : Destin*, Paris, Flammarion, 1994.
4. AN, 688AP/435.
5. *Le Monde*, 4 juillet 1963.
6. *Projets féministes*, n° 2, avril 1993.
7. « Club de la presse », Europe 1, 9 décembre 1984.
8. Christine Clerc, *Les Conquérantes*, Robert Laffont, 2013.
9. Maurice Szafran, *Simone Veil : Destin*, *op. cit.*
10. Simone Veil, *Une vie*, Paris, Stock, 2007.
11. Rapport d'inspection d'établissements pénitentiaires en Algérie, avril 1959, AN, 19970412/4.
12. Joseph Rovan, *Mémoires d'un Français qui se souvient d'avoir été allemand*, Paris, Seuil, 1999,
13. Hélène Cuenat, *La Porte verte*, Saint-Denis, Éditions Bouchène, 2001.
14. Christine Clerc, *Les Conquérantes*, *op. cit.*
15. « Radioscopie », France Inter, 6 mai 1975.
16. Simone Veil, préface à Fanny Cohen Herlem (dir.), *L'Adoption d'enfants nés ailleurs*, Paris, Éditions Pascal, 2008.
17. « Radioscopie », France Inter, 6 mai 1975.
18. Clément Launay, Michel Soulé, Simone Veil, *L'Adoption. Données médicales, psychologiques et sociales*, Montrouge, ESF éditeur, 1968.
19. *Le Nouvel Observateur*, 30 décembre 1974.
20. Simone Veil avec Annick Cojean, *Les Hommes aussi s'en souviennent. Une loi pour l'Histoire*, Stock, 2004.
21. INA, Journal télévisé, 13 juillet 1965.
22. Maurice Szafran, *Simone Veil : Destin, op. cit.*
23. *Le Monde*, 14 mars 1970.
24. *Le Monde*, 14 mars 1970.
25. AN 688AP/490, 29 juin 1972, AN 1992053/7.
26. *Le Figaro*, 30 mai 1974.
27. *Marie Claire*, février 1973. n°246.
28. Simone Veil, *Une vie*, op. cit.
29. Claude Sarraute, « Ministre consort », *Le Monde*, 12 février 1986.
30. Simone Veil, *Une vie, op. cit.*
31. INA, A2, « Aujourd'hui madame », 16 novembre 1974.
32. Simone Veil avec Annick Cojean, *Les Hommes aussi s'en souviennent. Une loi pour l'Histoire, op. cit.*
33. Gisèle Halimi avec Annick Cojean, *Une farouche liberté*, Paris, Grasset, 2020.
34. « Simone Veil, ministre, 1974-1979/1993-1995 », ministère des Solidarités et de la Santé, https://solidarites-sante.gouv.fr/grands-dossiers/hommage-a-simone-veil/
35. Simone Veil, *Une vie, op. cit.*

36. Simone Veil avec Annick Cojean, *Les Hommes aussi s'en souviennent. Une loi pour l'Histoire, op. cit.*
37. Simone Veil avec Annick Cojean, *Les Hommes aussi s'en souviennent. Une loi pour l'Histoire, op. cit.*
38. INA, Journal télévisé France 2, 16 janvier 1995.
39. Simone Veil, *Une vie, op. cit.*
40. *Id., ibid.*
41. *Le Matin*, 10 novembre 1982.
42. INA, Journal télévisé, FR3, 26 avril 1975.
43. France Info, 1er juillet 2018.
44. *Idem.*
45. *Le Monde*, 14 février 1976.
46. « Simone Veil, ministre 1974-1979/1993-1995 », *op. cit.*
47. *Le Parisien*, 2 février 2002.
48. Discours au congrès de l'Association nationale française des infirmières et infirmiers diplômés d'État, Le Touquet le 26 octobre 1974, voir AN n°19810498/2.
49. *Journal du Dimanche*, 5 mars 1978.
50. Gilles Devers, *Droit infirmier*, préface de Simone Veil, Paris, Éditions Alexandre Lacassagne-Éditions ESKA, 2000.
51. *Le Nouvel Observateur*, 5 mai 2005.
52. Valéry Giscard d'Estaing, *Le Pouvoir et la vie*, tome 3 : Choisir, Paris, Compagnie 12, 2006.
53. INA, TF1 Actualités 13 heures, 8 juin 1979.
54. *Le Monde*, 19 juillet 1979.
55. Louise Weiss, *Mémoires d'une Européenne*, Paris, Payot, 3 volumes, 1968-1976.
56. Aristide Briand, président du Conseil, qui, avec son homologue allemand Gustav Stresemann, convainc les ministres européens des Affaires étrangères de signer le pacte de Locarno, ce qui vaut aux deux hommes le prix Nobel de la paix en 1929.
57. Remise du prix Heinrich Heine, à Düsseldorf, le 13 décembre 2010, dans Simone Veil, *Mes combats*, Montrouge, Bayard Éditions, 2016.
58. Simone Veil, citée dans Marc Abélès, *La Vie quotidienne au Parlement européen*, Paris, Hachette, 1992.
59. Simone Veil, *Une vie, op. cit.*
60. Simone Veil, *Mes combats, op.cit.*
61. *France-Soir*, 29 avril 1980.
62. Simone Veil, *Une vie, op. cit.*
63. Nadine Vasseur, *Simone Veil, vie publique, archives privées*, Paris, Éditions TohuBohu, 2010.
64. Par exemple, Winston Churchill en 1949, Jean Monnet en 1953, Robert Schuman en 1958, Edward Heath en 1963, et plus tard François Mitterrand en 1988, Jacques Delors en 1992, Giscard d'Estaing en 2003, Angela Merkel en 2008, Emmanuel Macron en 2018...
65. *Le Nouvel Observateur*, 6 mai 2005.
66. *Le Parisien*, 30 avril 2005.
67. Simone Veil, *Pensées libres. Choisies et présentées par Olivier Rosenberg*, Paris, J'ai Lu/Librio, 2021.
68. Bilan des actions menées par le ministère des Affaires sociales, de la Santé et de la Ville, 1995.
69.Point de presse de Simone Veil, le 27 mai 1994, in DILA, Vie publique, collection des discours publics.
70. *Le Monde*, 13 juillet 1994.
71. *Idem.*
72. Simone Veil, « Ministre 1974-1979/1993-1995 », art. cité.
73. AN 20120121/5.
74. *Le Point*, 22 décembre 1975.
75. *Le Point*, 21 novembre 1992.
76. Rencontre nationale des femmes à la Sorbonne, 8 mars 1995.
77. Intervention au Parlement européen, 10 août 1992.
78. Alice Krieg-Planque, « Purification ethnique ». Une formule et son histoire, CNRS éditions, 2003.
79. Intervention au Parlement européen, 20 janvier 1993.
80. Discours pour l'ouverture du congrès mondial de la Fédération internationale des femmes juristes, à Paris, le 19 septembre 1994, in DILA, Vie publique, collection des discours publics.
81. Algéria-Watch, infomations sur la situation des droits humains en Algérie. Site consulté le 1er décembre 2021.
82. *El Watan*, 30 septembre 1998.

LES ACTIONS MAJEURES MENÉES OU SOUTENUES PAR SIMONE VEIL

Thématique	1974	1975	1976	1977	1978	1979
Droits des femmes et parité politique	Libéralisation de la contraception	Loi sur l'IVG				Le Parlemen européen cr une commis des droits des femmes
Santé, éthique et droits humains	Charte du malade hospitalisé	Loi d'orientation en faveur des personnes handicapées				
	Mesures en faveur des infirmières					
		Rénovation des lits à l'hôpital, suppression des lits en salle commune				
Protection sociale		Généralisation de l'assurance vieillesse	Allocation de parent isolé	Généralisation de l'assurance maladie	Complément familial	
Politique familiale et protection de l'enfance	Allocation de rentrée scolaire	Mise en place du Conseil supérieur de l'adoption		Création du congé parental Statut des assistantes maternelles		

	1992	1993	1994	1995	1996	1999
/eil nce	Sommet des femmes européennes à Athènes	Manifeste des 577 pour une démocratie paritaire	Remboursement de la péridurale		Manifeste des dix pour la parité	Réforme de la Constitution / parité
		[Plan de] lutte contre le sida	Premières lois de bioéthique Plan périnatalité			
			La médecine pénitentiaire sous l'autorité du ministère de la Santé			
			Sécurité sociale pour les détenus			
			Allocation d'adoption			
				Programme de création de 100000 places en crèches Programme d'action en faveurs des autistes		
			Campagne de formation sur les violences faites aux femmes			
			Programme de prévention des abus sexuels			

BIBLIOGRAPHIE

Ouvrages de Simone Veil

Clément Launay, Michel Soulé, Simone Veil, *L'Adoption. Données médicales, psychologiques et sociales*, Éditions sociales françaises, Montrouge, ESF éditeur, 3e éd., 1968.
Simone Veil, *Une vie*, Paris, Stock, 2007.
Simone Veil, *Mes combats*, Montrouge, Bayard Éditions, 2016.
Simone Veil avec Annick Cojean, *Les Hommes aussi s'en souviennent. Une loi pour l'Histoire*, Paris, Stock, 2004
Simone Veil et David Teboul, *Simone Veil. L'Aube à Birkenau*, Paris, Les Arènes, 2019.
Simone Veil (préface) dans Gilles Devers, *Droit infirmier*, Paris, Éditions Alexandre Lacassagne-Éditions Eska, 2000.
Simone Veil (préface) dans Fanny Cohen Herlem (dir.), *L'Adoption d'enfants nés ailleurs*, Paris, Éditions Pascal, 2008.
Simone Veil, *Pensées libres*. Choisies et présentées par Olivier Rozenberg, Paris, J'ai lu/Librio, 2021.

Ouvrages consultés

Christine Bard, Sylvie Chaperon, *Dictionnaire des féministes. France XVIIIe-XXIe siècle*, Paris, PUF, 2017.
Pascal Bresson et Hervé Duphot, *Simone Veil, l'immortelle*, Vanves, Marabulles, 2018.
Christine Clerc, *Les Conquérantes. Douze femmes à l'assaut du pouvoir*, Paris, Nil, 2013.
Annick Cojean, Xavier Bétaucourt et Étienne Oburie, *Simone Veil ou la force d'une femme*, Paris, Steinkis éditions, 2020.
Hélène Cuénat, *La Porte verte*, Saint-Denis (Seine-Saint-Denis), Éditions Bouchène, 2001.
Yves Denéchère, *Ces Françaises qui ont fait l'Europe*, Paris, Louis Audibert Éditions, 2007.
Amandine Deslandes, *Simone Veil. Mille vies, un destin*, Bernay (Eure), City biographie, 2021.
Constance de Gaulmyn, Olivier Rozenberg, « *Nous vous aimons, Madame* » *Simone Veil 1927-2017*, Paris, Flammarion, 2021.
Gisèle Halimi avec Annick Cojean, *Une farouche liberté*, Paris, Grasset, 2020.
Yannick Ripa, *Histoire féminine de la France. De la Révolution à la loi Veil*, Paris, Belin, 2020.
Michel Sarazin, *Une femme, Simone Veil*, Paris, Robert Laffont, 1987.
Jocelyne Sauvard, *Simone Veil, la force de la conviction*, Paris, L'Archipel, 2012.
Maurice Szafran, *Simone Veil. Destin*, Paris, Flammarion, 1994.
Nadine Vasseur, *Simone Veil, vie publique, archives privées*, Paris, Éditions Tohubohu, 2019.

Sources des Archives nationales

Cabinet de Simone Veil, ministre des Affaires sociales, de la Santé et de la Ville :
AN 20120117/16, AN 20120117/17, AN 20120370/43, AN 20120113/1, AN 20120113/2, AN 20120113/3, AN 20120113/4, AN 20120113/5, AN 20120121/2, AN 20120121/3, AN 20120121/4, AN 20120113/09, AN 20120113/09, AN 120113/10, AN 20120113/11
Ministère chargé des Affaires sociales et de la Santé, direction de l'action sociale, AN 20050117/71 et AN 20050117/70
Ministère chargé des Affaires sociales et de la Santé, Service des droits des femmes, AN 19990291/4
Ministère de la Condition féminine, cabinet, Comité du travail féminin, AN 19860111/1 et AN 19860111/2

Autres sources

Bilan des actions menées par le ministère des Affaires sociales, de la Santé et de la Ville 1993-1995, ministère des Affaires sociales, de la Santé et de la Ville, 1995.
Hommage à Simone Veil. *Exposition Simone Veil ministre, 1974-1979, 1993-1995.* Ministère des Solidarités et de la Santé voir : https://solidarites-sante.gouv.fr/grands-dossiers/hommage-a-simone-veil/ (consulté le 12 septembre 2021).
Service des archives de l'Assistance publique – Hôpitaux de Paris (AP-HP).
« Nous vous aimons, Madame. Simone Veil, 1927-2017 », exposition à l'Hôtel de Ville de Paris du 28 mai au 21 août 2021, réalisée en partenariat entre la Mairie de Paris et les Archives nationales.

Service des archives du Parlement européen.
Bibliothèque Marguerite Durand : dossiers de presse et rapports du comité du travail féminin.
Institut national de l'audiovisuel, interviews de Simone Veil.
Direction de l'information légale et administrative (DILA), Vie publique, collection des discours publics, https://www.vie-publique.fr/collection-discours-publics.

CRÉDITS ICONOGRAPHIQUES

Couverture : Richard Frieman-Phelps / Gamma-Rapho.

Archives AP-HP : 141 ; 29FI_0847: 130 h ; 29FI_0850 : 130 b ; 18FI_1230 : 132 h ; 18FI_1232 : 132 m ; 18FI_1232 : 132 b, NCK_3FI4_3410 : 133 h et b.
AFP : 24-25, 37, 79, 82, 109, 110-111, 128, 173 ; Jean-Claude Pierdet / INA : 69 ; Gérard Fouet : 164 b ; Boris Horvat : 167 b ; Miguel Medina : 175 ; Georges Bendrihem : 179 ; Pierre Verdy : 187 ; Mohamed El-Dakhakhny : 191 ; Philippe Wojazer : 195 h ; Benoit Doppagne / Belga : 195 bg ; Jacques Guez : 195 bd.
AKG : Philippe Ledru : 14, 95 b.
Avec l'aimable autorisation de l'ANFIIDES : 130.
Archives nationales : 688AP/421 : 15, 16 ; 19920533/7 : 17 ; F/60/3158 : 27, 28-29, 31, 47, 52 ; 20030569/4 h 48 ; 20120370/43 : 53 : AG/5(2)/983/ NReportage n° 2619 / DR : 61 ; 688AP490 : 86-87; 19930592/6: 114-115, 116-117; 19810498/4: 122-123, 124-125; FRAN_0280_1427 / DR : 154 ; 20120370/43 : 170; 20030569/4: 171; 688AP/495 Recto : 189.
Archives du Parlement européen : 177.
Avec l'aimable autorisation de l'association CentraleSupélec Alumni : 62-63.
BnF : 74-75, 136-137, 142 h, 142 m, 142, 160-161.
Bridgeman : Agip / Rue des Archives : 23.
Avec l'aimable autorisation du collectif « Merci Simone » : 199.
© Communautés européennes 1979 : 156-157.
Divergence : Marc Chaumeil : 163.
DR : 51 (2), 122.
Éditions Alexandre Lacassagne / DR : 138.
Avec l'aimable autorisation du journal *France-Soir* : 142 h, 142 m, 142, 160-161.
Gamma-Rapho : Keystone : 46, 57, 58-59, 123 ; Gilbert Uzan : 91, 95 h ; Gilles Bassignac : 167 h ; Noël Quidu : 189.
Getty : Michel Arthault / Gamma-Rapho : 100-101 ; Pierre Vauthey / Sygma : 152-153. James Andanson / Sygma : 164 h.
Groupe Figaro syndication : 42 b, 85, 173, 180, 188.
Groupe Le Monde : 184.
Avec l'aimable autorisation du groupe Marie-Claire : 74-75.
INA : 150 et 151 (3).
Kharbine Tapabor / Collection Dixmier : 98, 98-99.
Ministère des Affaires sociales : 168-169.
ONU / DR : 193.
Photo 12 : Jean-Marie Périer : 149.
Roger-Viollet : 99, 102, 107 ; Fonds *France-Soir* / BHVP : 13 ; Jean-Pierre Couderc : 92.
Scoop-Paris-Match / Jean-Claude Deutsch : 77.
SIPA : Delmas : 32 ; Laski : 103.
Sud-Ouest : 41, 42 h.
Avec l'aimable autorisation du magazine *Valeurs actuelles* : 134-135.
Avec l'aimable autorisation du magazine *La Vie catholique* : 136-137.

Malgré nos recherches, les auteurs ou les ayants droit de certaines images reproduites dans le présent ouvrage n'ont pu être contactés. Qu'ils n'hésitent pas à se faire reconnaître auprès de l'éditeur.
Iconographie recueillie par Marie-Anne Méhay.

REMERCIEMENTS

Que soit remerciées Catherine Baude pour sa fidélité, sa compétence, sa culture, ainsi que l'équipe du Seuil, Nathalie Beaux Richard, Claire Le Cam, Marie-Anne Méhay, et Maryam Pir pour leur enthousiasme et leur professionnalisme.
Mes remerciements vont aussi à Jean Veil et Pierre-François Veil pour leur soutien et leur confiance.

Toute ma gratitude va aux personnes qui m'ont fourni documents et pistes de recherche : Pierre Caroff, Jean-Paul Davin, Stéphane Dupuis, Claude du Granrut, Tiphaine Gaumy, José Andres Gonzalez Pedraza, Thomas Lebée, Édouard Mbonyubwabo, Colette Même, Danielle Rapoport, Corinne Sonnet, Vanessa Szollosi, Pierre-Frédéric Tenière-Buchot.

MIXTE
Papier issu de sources responsables
FSC® C007507
FSC www.fsc.org

Achevé d'imprimer en février 2022
par Graphycems (Espagne).
Photogravure : IGS.